AEO

la nuova frontiera della SEO

Vincenzo Barbagallo

Premessa 9

Cos'è l'Answer Engine Optimization 12

L'importanza dell'ottimizzazione per le ricerche moderne..........14

Evoluzione della SEO verso l'Answer Engine Optimization........16

Comprendere gli assistenti vocali 18

Tecniche di ottimizzazione per la ricerca vocale 20

Creazione di contenuti per risposte vocali efficaci 22

Introduzione ai chatbot e all'IA....................................24

Ottimizzazione dei contenuti per chatbot 26

Integrazione della SEO con l'intelligenza artificiale.................28

Identificazione delle esigenze degli utenti...........................30

Struttura dei contenuti per risposte rapide 32

Esempi di contenuti ottimizzati per risposte rapide.................34

Importanza delle FAQ nel contesto SEO 36

Creazione di una strategia efficace per le FAQ....................38

Analisi delle domande frequenti per migliorare il contenuto........40

Tecniche di raccolta delle domande frequenti.......................42

Strumenti per l'analisi delle domande 44

Utilizzo delle domande frequenti per la SEO 46

Comprendere i motori di ricerca basati su domande 47

Tecniche di ottimizzazione specifiche 49

Esempi di contenuti ottimizzati per motori di ricerca basati su domande 52

Introduzione alle piattaforme di domande e risposte 54

Ottimizzazione dei profili e dei contenuti.............................56

Strategie per aumentare la visibilità su queste piattaforme 58

5

Comprendere le intenzioni di ricerca............................59

Strumenti per l'analisi delle intenzioni di ricerca 62

Creazione di contenuti in base alle intenzioni di ricerca 64

Importanza delle risposte concise..............................66

Tecniche per la scrittura di risposte concise........................68

Esempi di contenuti efficaci e concisi..........................69

Cos'è la ricerca vocale 71

Importanza della ricerca vocale nel marketing digitale 73

Principi dell'indicizzazione per assistenti vocali 75

Tecniche per migliorare l'indicizzazione................................77

Formati audio ottimali per assistenti vocali 79

Creazione di contenuti audio coinvolgenti........................81

Importanza del SEO vocale per le aziende locali......................83

Tecniche di ottimizzazione specifiche per il mercato locale 85

Cos'è una skill e come funziona..............................87

Passaggi per creare una skill efficace........................89

Tipologie di query vocali..............................90

Comprensione del comportamento degli utenti........................92

Ruolo dei contenuti multimediali negli assistenti vocali............94

Best practices per l'integrazione di contenuti multimediali..........96

Tipi di contenuto adatti alla ricerca vocale 98

Esempi di formati efficaci 100

Importanza delle FAQ per la ricerca vocale 102

Tecniche di scrittura per FAQ ottimizzate........................104

Cos'è un dato strutturato e perché è importante......................106

Come implementare dati strutturati........................108

Principi della narrazione efficace 110

Adattare la narrazione per il formato vocale 112

Strumenti per il monitoraggio delle performance 114

Analisi dei risultati e ottimizzazione continua............116

Le differenze tra indicizzazione tradizionale e indicizzazione per AI 118

Strumenti per l'indicizzazione automatica 120

Vantaggi dell'automazione nell'indicizzazione............122

Panoramica sugli strumenti di SEO per AI 124

Come scegliere lo strumento giusto per le tue esigenze 126

Cos'è l'analisi semantica? 128

L'importanza della semantica nell'indicizzazione AI....130

Tecniche di scrittura per l'ottimizzazione AI................132

Comprendere gli algoritmi di ranking 134

Impatto degli algoritmi sull'indicizzazione 136

Importanza dei contenuti visivi nell'indicizzazione 138

Tecniche per ottimizzare i contenuti visivi 140

Sfide dell'indicizzazione multi-lingue.........................142

Strategie per una corretta indicizzazione multi-lingue................144

Cos'è un metadata? 146

Come ottimizzare i metadati per AI 147

Tipologie di contenuti generati dagli utenti................149

Tecniche per l'indicizzazione di contenuti UGC 151

Le best practices da seguire 153

Errori comuni da evitare nell'indicizzazione AI............155

Premessa

Il panorama del digital marketing sta vivendo una trasformazione radicale, guidata dall'avvento di tecnologie sempre più sofisticate e dalla crescente diffusione degli assistenti vocali e dell'intelligenza artificiale. Queste innovazioni stanno ridefinendo profondamente il modo in cui gli utenti interagiscono con i motori di ricerca, aprendo nuove frontiere per l'ottimizzazione dei contenuti web.

Se fino a poco tempo fa l'obiettivo principale della SEO era quello di posizionare un sito web nei primi risultati organici delle SERP, oggi la sfida è ben più complessa. Gli utenti, infatti, non si limitano più a digitare delle semplici keyword, ma pongono domande sempre più articolate e richiedono risposte esaustive e immediate.

AEO: la nuova frontiera dell'ottimizzazione

In questo scenario in continua evoluzione, nasce la necessità di una nuova disciplina: l'Answer Engine Optimization (AEO). L'AEO si concentra sull'ottimizzazione dei contenuti per rispondere in modo efficace alle query degli utenti, non solo quelle inserite nei motori di ricerca tradizionali, ma anche quelle formulate agli assistenti vocali e alle intelligenze artificiali.

Questo libro rappresenta una delle prime pubblicazioni in Italia dedicate specificamente all'AEO, offrendo una guida completa e aggiornata a tutti coloro che operano nel settore del digital marketing.

Scoprirai come le nuove tecnologie stanno cambiando il modo in cui i motori di ricerca interpretano e classificano i contenuti, e come puoi adattare le tue strategie SEO per ottenere risultati ancora migliori.

L'AEO presenta anche una serie di sfide:
Per rispondere alle domande degli utenti in modo esaustivo, è necessario creare contenuti sempre più approfonditi e ben strutturati.
Gli algoritmi dei motori di ricerca sono in costante aggiornamento, quindi è fondamentale rimanere sempre aggiornati sulle ultime tendenze.
L'AEO richiede una buona conoscenza delle tecniche di SEO tradizionali, ma anche competenze specifiche nell'ambito dell'intelligenza artificiale e del linguaggio naturale.

L'AEO non si limita all'ottimizzazione tecnica dei contenuti. Richiede una visione d'insieme che comprenda la user experience, il content marketing, la SEO tradizionale e le ultime tendenze del settore.
L'importanza di un approccio olistico

Per avere successo nell'AEO, è fondamentale adottare un approccio olistico che tenga conto di tutti gli aspetti coinvolti:
Mettere al centro l'utente e le sue esigenze è fondamentale per creare contenuti veramente utili e coinvolgenti.
Sviluppare una strategia di content marketing efficace per attrarre e fidelizzare il pubblico.
Non dimenticare le basi della SEO: ottimizzazione delle parole chiave, link building, struttura del sito web.
Tenersi aggiornati sulle ultime novità nel campo dell'intelligenza artificiale e del linguaggio naturale.

Spero che questo lavoro possa aiutarti nell'approcciare diversamente la tematica SEO che troppe volte oggi, in Italia, viene intesa con logiche legate a tempi passati.

Cos'è l'Answer Engine Optimization

L'Answer Engine Optimization (AEO) rappresenta un'evoluzione significativa nel panorama del marketing digitale, specialmente in un'era dominata da tecnologie avanzate come assistenti vocali e chatbot. AEO si concentra sull'ottimizzazione dei contenuti per fornire risposte rapide e pertinenti alle domande degli utenti, riconoscendo che le ricerche si stanno spostando da una semplice ricerca di parole chiave a interrogazioni più complesse e conversazionali. Questo cambiamento richiede ai digital marketer di adattare le loro strategie per garantire che i contenuti siano facilmente accessibili e comprensibili dalle macchine, non solo dagli esseri umani.

Un aspetto cruciale dell'AEO è l'analisi delle intenzioni di ricerca degli utenti. Comprendere cosa cercano realmente gli utenti è fondamentale per creare contenuti che rispondano in modo efficace alle loro domande. Attraverso l'analisi delle domande frequenti dei clienti e l'analisi di dati provenienti da piattaforme di domande e risposte, i marketer possono identificare le query più comuni e le esigenze espresse dagli utenti. Questa informazione consente di sviluppare contenuti mirati e pertinenti, migliorando così la possibilità di emergere nei risultati delle ricerche effettuate tramite assistenti vocali e altri strumenti di intelligenza artificiale.

L'ottimizzazione per assistenti vocali è un'altra dimensione fondamentale dell'AEO. Con l'aumento dell'uso di dispositivi come Alexa, Google Assistant e Siri, le ricerche vocali stanno diventando sempre più comuni. Queste ricerche tendono a essere formulate in modo naturale e conversazionale, differente dalle ricerche testuali. Pertanto, i marketer devono ottimizzare i contenuti non solo per le parole chiave, ma anche per le domande che gli utenti potrebbero porre in modo naturale. L'inserimento di frasi colloquiali e l'utilizzo di un linguaggio semplice e diretto possono aumentare le probabilità che il contenuto venga selezionato come risposta ideale.

Inoltre, l'AEO non si limita solo ai contenuti testuali, ma si estende anche a strategie di contenuto per FAQ. Le FAQ rappresentano un'opportunità d'oro per i marketer, poiché permettono di rispondere in modo specifico e diretto alle domande più comuni dei consumatori. Creando sezioni FAQ ottimizzate, i marketer possono non solo migliorare l'esperienza dell'utente, ma anche aumentare la visibilità sui motori di ricerca. È essenziale che queste sezioni siano progettate tenendo conto delle domande più ricorrenti, utilizzando formati chiari e accessibili per facilitare l'estrazione delle informazioni da parte dei motori di ricerca.

Infine, l'AEO richiede un approccio proattivo e continuo nella creazione e ottimizzazione dei contenuti. I marketer devono monitorare costantemente le tendenze e le modifiche nel comportamento degli utenti per adattare le loro strategie. L'analisi delle prestazioni dei contenuti e l'esame delle metriche di coinvolgimento possono fornire spunti preziosi per migliorare ulteriormente le strategie di AEO. Con una pianificazione e un'implementazione adeguate, l'Answer Engine Optimization può diventare un potente alleato nel dominio delle ricerche, garantendo che i contenuti formulati rispondano in modo efficace e rapido alle esigenze degli utenti.

L'importanza dell'ottimizzazione per le ricerche moderne

L'ottimizzazione per le ricerche moderne rappresenta un elemento cruciale per i digital marketer che desiderano rimanere competitivi in un panorama in continua evoluzione. Con l'aumento dell'uso di assistenti vocali e chatbot, è fondamentale comprendere come questi strumenti interagiscono con gli utenti e come le loro domande vengono formulate. L'ottimizzazione per le ricerche non è più limitata a parole chiave tradizionali; piuttosto, si concentra sulla creazione di contenuti che rispondano direttamente alle domande degli utenti, fornendo risposte rapide e pertinenti.

Un aspetto chiave dell'ottimizzazione moderna è l'analisi delle intenzioni di ricerca degli utenti. Comprendere perché un utente sta cercando determinate informazioni consente ai marketer di progettare contenuti che non solo attirano l'attenzione, ma soddisfano anche le esigenze specifiche del pubblico. Questo approccio richiede una profonda conoscenza delle domande frequenti dei clienti e delle loro preoccupazioni, permettendo così di sviluppare strategie di contenuto mirate che affrontino direttamente le problematiche più rilevanti.

In parallelo, l'ottimizzazione per motori di ricerca basati su domande ha assunto un'importanza crescente. Le piattaforme di domande e risposte, come Quora e Reddit, offrono opportunità uniche per i marketer di posizionare i propri contenuti in modo strategico. Creare risposte concise e informative non solo migliora la visibilità del marchio, ma aiuta anche a stabilire autorità nel settore. La chiave è utilizzare un linguaggio chiaro e diretto, facilitando la comprensione e l'assimilazione delle informazioni da parte degli utenti.

L'ottimizzazione per assistenti vocali richiede un ulteriore livello di attenzione. Poiché sempre più persone utilizzano comandi vocali per effettuare ricerche, i contenuti devono essere adattati per rispondere a query più colloquiali e conversazionali. Questo significa che i marketer devono pensare a come le domande vengono formulate nella vita reale e come queste differiscono dalle ricerche testuali tradizionali. L'implementazione di frasi naturali e domande frequenti all'interno dei contenuti diventa essenziale per garantire una buona performance nei risultati vocali.

Infine, la creazione di contenuti per risposte rapide non può essere trascurata. In un mondo in cui gli utenti cercano informazioni immediatamente, i marketer devono sviluppare strategie che rendano i contenuti facilmente accessibili e fruibili. La strutturazione delle informazioni per rispondere rapidamente a domande specifiche non solo migliora l'esperienza utente, ma aumenta anche le probabilità di clic e conversioni. L'importanza dell'ottimizzazione per le ricerche moderne è evidente: è una competenza fondamentale che ogni digital marketer deve padroneggiare per affrontare con successo le sfide del futuro.

Evoluzione della SEO verso l'Answer Engine Optimization

L'evoluzione della SEO verso l'Answer Engine Optimization (AEO) rappresenta un cambiamento significativo nel modo in cui gli specialisti del marketing digitale approcciano la creazione e l'ottimizzazione dei contenuti. Con l'avvento degli assistenti vocali e delle tecnologie di intelligenza artificiale, la necessità di fornire risposte rapide e pertinenti è diventata una priorità. Gli utenti non si limitano più a cercare informazioni, ma si aspettano di ottenere risposte immediate e dirette, il che richiede una strategia di contenuto totalmente rinnovata.

Le ricerche vocali, alimentate da dispositivi come Google Assistant, Alexa e Siri, hanno modificato le modalità di interazione degli utenti con i motori di ricerca. Questi assistenti vocali si basano su algoritmi avanzati per comprendere le intenzioni di ricerca e fornire risposte concise. Di conseguenza, la SEO tradizionale, incentrata su parole chiave e backlink, deve evolversi per rispondere a questa nuova dimensione. Gli specialisti del marketing devono quindi ottimizzare i contenuti per rispondere a domande specifiche e fornire informazioni utili in modo diretto e immediato.

Un elemento cruciale nell'AEO è l'ottimizzazione dei contenuti per risposte rapide. Le pagine web devono essere strutturate in modo da permettere l'accesso immediato alle informazioni, facilitando la comprensione da parte dei motori di ricerca. Ciò include l'uso di formati di contenuto come le FAQ, che rispondono alle domande più comuni degli utenti. L'analisi delle domande frequenti permette di identificare le esigenze informative del pubblico, consentendo ai marketer di creare contenuti mirati e pertinenti.

Inoltre, la SEO per chatbot sta guadagnando un'importanza crescente. Questi strumenti offrono risposte automatizzate e interattive, migliorando l'esperienza dell'utente e aumentando l'efficienza nella gestione delle richieste. È fondamentale che i marketer comprendano come progettare conversazioni efficaci e ottimizzare i contenuti per garantire che i chatbot forniscano risposte accurate e utili, contribuendo così a migliorare la soddisfazione del cliente.

Infine, l'analisi delle intenzioni di ricerca degli utenti rappresenta un pilastro fondamentale per l'AEO. Comprendere cosa cercano realmente gli utenti e quali informazioni desiderano ricevere consente di allineare la strategia di contenuto con le loro aspettative.

Creare contenuti che rispondano in modo diretto e pertinente alle domande degli utenti non solo migliora il posizionamento nei motori di ricerca, ma contribuisce anche a costruire un rapporto di fiducia tra il brand e il consumatore, fondamentale in un panorama digitale in continua evoluzione.

Comprendere gli assistenti vocali

Comprendere gli assistenti vocali è fondamentale per i marketer digitali che desiderano ottimizzare la loro strategia di Answer Engine Optimization. Gli assistenti vocali, come Siri, Google Assistant e Alexa, hanno rivoluzionato il modo in cui gli utenti interagiscono con la tecnologia, rendendo le ricerche più intuitive e immediate. Questi strumenti utilizzano algoritmi avanzati per interpretare le query vocali e fornire risposte pertinenti in tempo reale, creando una nuova opportunità per le aziende di posizionarsi come leader nel loro settore.

Un aspetto chiave da considerare è la differenza tra le ricerche testuali e quelle vocali. Le ricerche vocali tendono a essere più colloquiali e lunghe, poiché gli utenti formulano domande in modo simile a come parlerebbero a un'altra persona. Pertanto, è essenziale adattare i contenuti per riflettere questo cambiamento nel comportamento dell'utente. Ciò implica l'integrazione di frasi e domande che rispecchiano il linguaggio naturale, migliorando così la possibilità che i contenuti vengano selezionati come risposte dagli assistenti vocali.

Inoltre, l'ottimizzazione dei contenuti per le FAQ è diventata una prassi irrinunciabile. Gli assistenti vocali spesso attingono a fonti di contenuti che rispondono direttamente alle domande più comuni degli utenti. Creare sezioni di FAQ dettagliate e ben strutturate non solo aiuta gli utenti a trovare rapidamente le informazioni, ma può anche migliorare la visibilità del sito nei risultati delle ricerche vocali. L'analisi delle domande frequenti dei clienti, quindi, diventa un'operazione cruciale per identificare quali informazioni siano più ricercate e come strutturarle per ottenere il massimo impatto.

Un altro elemento importante da considerare è l'analisi delle intenzioni di ricerca degli utenti. Gli assistenti vocali non si limitano a fornire risposte, ma cercano di comprendere il contesto e l'intento dietro ogni domanda. Pertanto, è importante che i marketer digitali sviluppino contenuti che non solo rispondano a query specifiche, ma che anticipino anche le esigenze degli utenti. La creazione di contenuti per risposte concise e precise, che affrontino direttamente le domande degli utenti, aumenta la probabilità di ottenere visibilità nei risultati vocali.

Infine, è fondamentale monitorare e adattare le strategie in base all'evoluzione della tecnologia degli assistenti vocali. Con l'avanzamento dell'intelligenza artificiale e delle tecniche di machine learning, le capacità di questi strumenti continueranno a crescere. I marketer devono rimanere aggiornati sulle nuove tendenze e sulle migliori pratiche per garantire che i loro contenuti siano sempre ottimizzati per le piattaforme di domande e risposte. Solo così sarà possibile dominare il futuro delle ricerche e garantire un posizionamento efficace nel panorama digitale in continua evoluzione.

Tecniche di ottimizzazione per la ricerca vocale

La ricerca vocale sta rapidamente diventando una componente fondamentale della strategia di marketing digitale. Con l'aumento dell'uso di assistenti vocali come Siri, Alexa e Google Assistant, le aziende devono adattare le loro tecniche di ottimizzazione per rispondere a questa nuova modalità di ricerca. Le tecniche di ottimizzazione per la ricerca vocale si concentrano principalmente sull'identificazione delle domande che gli utenti pongono e sull'offerta di risposte concise e pertinenti. Questo approccio richiede un'analisi approfondita delle intenzioni di ricerca degli utenti e una comprensione delle differenze tra la ricerca testuale e quella vocale.

Una delle tecniche chiave per ottimizzare i contenuti per la ricerca vocale è l'uso di frasi naturali e conversazionali. Gli utenti tendono a formulare le loro domande in modo più colloquiale quando parlano piuttosto che quando digitano. Pertanto, è importante adattare il linguaggio dei contenuti per rispecchiare questo stile. L'inclusione di domande frequenti (FAQ) nel contenuto non solo migliora la user experience, ma aumenta anche le possibilità di essere selezionati come risposta diretta dagli assistenti vocali. Creare contenuti che rispondano a domande specifiche aiuta a soddisfare le esigenze di informazioni immediati degli utenti.

Un altro aspetto cruciale è l'ottimizzazione per i motori di ricerca basati su domande. Gli algoritmi di ricerca vocale tendono a premiare i contenuti che forniscono risposte dirette e concise. Utilizzare elenchi puntati, schemi e grafici per presentare le informazioni in modo chiaro può migliorare la leggibilità e l'appeal dei contenuti. Inoltre, l'analisi delle domande frequenti dei clienti può fornire spunti preziosi su quali argomenti trattare e quali informazioni fornire. L'idea è di anticipare le domande degli utenti e fornire risposte che possano essere facilmente comprese e assimilate.

La creazione di contenuti per risposte rapide richiede anche un attento posizionamento delle parole chiave. È essenziale identificare le parole chiave a coda lunga che gli utenti potrebbero utilizzare nelle loro query vocali. Queste frasi lunghe e specifiche sono spesso più efficaci nel catturare l'attenzione degli assistenti vocali e possono portare a un aumento della visibilità nei risultati di ricerca. Inoltre, integrare termini locali può essere vantaggioso, poiché molti utenti cercano informazioni basate sulla loro posizione attuale.

Infine, l'ottimizzazione per assistenti vocali implica anche una continua analisi e revisione delle strategie adottate. Monitorare le performance delle parole chiave e l'interazione degli utenti con i contenuti permette di adattare rapidamente le tecniche di ottimizzazione. La tecnologia evolve rapidamente e così anche le abitudini di ricerca degli utenti. Adottare un approccio flessibile e reattivo all'ottimizzazione dei contenuti garantirà che le aziende rimangano competitive in un panorama digitale in continua evoluzione.

Creazione di contenuti per risposte vocali efficaci

Creare contenuti per risposte vocali efficaci è fondamentale per garantire che le informazioni siano facilmente accessibili attraverso assistenti vocali e chatbot. Per i digital marketer, la chiave è comprendere le esigenze e le intenzioni degli utenti. Questo richiede un'analisi approfondita delle domande frequenti e delle query di ricerca. Una volta identificate le domande più comuni, è possibile sviluppare risposte concise e pertinenti che soddisfino le aspettative degli utenti, tenendo presente che le risposte vocali devono essere brevi e dirette.

Un aspetto cruciale nella creazione di contenuti per risposte vocali è l'ottimizzazione per la ricerca basata su domande. Gli assistenti vocali come Google Assistant e Alexa tendono a fornire risposte a domande specifiche formulate in modo naturale. Pertanto, è fondamentale utilizzare un linguaggio colloquiale e frasi che riflettono il modo in cui le persone parlano. Incorporare parole chiave long-tail e frasi interrogative può aumentare notevolmente le possibilità che il contenuto venga estratto come risposta vocale.

Inoltre, la strategia di contenuto per FAQ deve essere rivisitata per includere formati adatti alla voce. Questo implica non solo scrivere risposte chiare e concise, ma anche strutturare i contenuti in modo che siano facilmente comprensibili quando vengono letti ad alta voce. Utilizzare elenchi puntati o numerati può aiutare a suddividere le informazioni, rendendo più semplice per gli assistenti vocali trasmettere i contenuti in modo efficace. L'attenzione alla sintassi e alla grammatica è fondamentale, poiché errori in queste aree possono compromettere la qualità della risposta.

Un altro punto da considerare è l'analisi delle intenzioni di ricerca degli utenti. Comprendere il contesto in cui una domanda viene posta permette di creare contenuti che rispondano non solo a domande specifiche, ma anche a esigenze più ampie. Le ricerche vocali spesso riflettono un bisogno immediato o un'informazione contestuale. Pertanto, è utile inserire nel contenuto elementi che anticipano ulteriori domande o necessità che l'utente potrebbe avere, creando così un'esperienza più completa e soddisfacente.

Infine, è essenziale testare e ottimizzare continuamente i contenuti per le risposte vocali. Monitorare le performance delle risposte e le interazioni degli utenti può fornire spunti preziosi per migliorare la qualità e la rilevanza delle informazioni. Utilizzare strumenti di analisi può aiutare a identificare quali risposte ottengono il maggior successo e quali necessitano di revisione. In un panorama in continua evoluzione come quello della SEO per assistenti vocali, l'adattamento e l'ottimizzazione costante sono la chiave per rimanere competitivi e soddisfare le esigenze degli utenti.

Introduzione ai chatbot e all'IA

Negli ultimi anni, l'adozione dei chatbot e delle tecnologie di intelligenza artificiale (IA) è cresciuta in modo esponenziale, trasformando il modo in cui le aziende interagiscono con i propri clienti. I chatbot, programmi progettati per simulare conversazioni umane, offrono un'interfaccia diretta e immediata per rispondere alle domande degli utenti, facilitando così l'accesso alle informazioni e migliorando l'esperienza del cliente. Questa evoluzione è particolarmente rilevante nel contesto del marketing digitale, dove l'efficienza e la personalizzazione rappresentano fattori chiave per attrarre e fidelizzare la clientela.

L'intelligenza artificiale, d'altra parte, non si limita a replicare conversazioni, ma analizza anche grandi volumi di dati per comprendere meglio le esigenze e le intenzioni degli utenti. Questo approccio consente di ottimizzare le interazioni, fornendo risposte più pertinenti e tempestive. I marketer digitali devono quindi considerare l'integrazione dell'IA nelle loro strategie, per migliorare l'Answer Engine Optimization (AEO) e soddisfare le crescenti aspettative dei consumatori, che cercano risposte rapide e precise.

Un aspetto cruciale dell'ottimizzazione per i chatbot è la creazione di contenuti mirati che rispondano alle domande frequenti degli utenti. Le FAQ, infatti, non sono solo un modo per fornire informazioni, ma rappresentano anche un'opportunità per posizionarsi nei motori di ricerca. I contenuti devono essere formulati in modo chiaro e conciso, tenendo conto delle intenzioni di ricerca degli utenti, affinché siano facilmente accessibili sia per i chatbot sia per i motori di ricerca. Questa strategia permette di migliorare la visibilità del brand e di aumentare il traffico verso il sito web.

Inoltre, l'ottimizzazione per assistenti vocali sta diventando sempre più rilevante. Con l'aumento dell'uso di dispositivi come Alexa e Google Assistant, è fondamentale che i marketer comprendano come le persone formulano le loro richieste vocali. Le domande poste in modo naturale differiscono spesso da quelle scritte, quindi è importante adattare il contenuto per rispondere a queste varianti. L'analisi delle domande frequenti deve quindi includere anche le modalità di interazione vocale, per garantire che le risposte siano pronte per essere fornite in tempo reale.

Infine, per massimizzare l'efficacia di chatbot e IA, è necessario monitorare e analizzare costantemente le performance delle interazioni. Le aziende devono raccogliere dati sulle domande più frequenti, le risposte fornite e il tasso di soddisfazione degli utenti. Questa analisi consente di affinare continuamente le strategie di contenuto e di ottimizzare le capacità del chatbot, garantendo che le risposte siano sempre aggiornate e rilevanti. Solo attraverso un approccio proattivo e analitico si può dominare il futuro delle ricerche e soddisfare le esigenze di un pubblico sempre più esigente.

Ottimizzazione dei contenuti per chatbot

L'ottimizzazione dei contenuti per chatbot è un aspetto cruciale nel panorama attuale del marketing digitale, dove la comunicazione diretta e immediata con i clienti è diventata fondamentale. I chatbot, alimentati da intelligenza artificiale, hanno il potere di fornire risposte rapide e pertinenti alle domande degli utenti, migliorando così l'esperienza del cliente e aumentando la soddisfazione. Per i marketer digitali, comprendere come ottimizzare i contenuti per questi strumenti è essenziale per garantire un'interazione efficace e fluida.

Per iniziare, è importante analizzare le intenzioni di ricerca degli utenti. Comprendere cosa cercano gli utenti e quali domande pongono può aiutare a creare contenuti mirati e utili. Utilizzare strumenti di analisi delle domande frequenti può fornire indicazioni preziose su quali argomenti trattare e quali risposte fornire. L'analisi delle query può rivelare modelli di comportamento e preferenze, permettendo così di allineare i contenuti del chatbot con le reali esigenze degli utenti.

Una volta comprese le intenzioni degli utenti, la creazione di contenuti concisi e informativi diventa fondamentale. I chatbot devono fornire risposte rapide, evitando risposte troppo lunghe o complicate. Utilizzare un linguaggio chiaro e diretto facilita la comprensione e migliora l'interazione. È utile segmentare le informazioni in blocchi facilmente digeribili e utilizzare elenchi puntati o numerati quando possibile, per rendere le risposte più leggibili.

Inoltre, l'ottimizzazione per motori di ricerca basati su domande è un altro aspetto da considerare. I contenuti devono essere progettati in modo da rispondere direttamente alle domande poste dagli utenti, utilizzando parole chiave pertinenti. Implementare strategie SEO specifiche per i chatbot, come l'ottimizzazione del linguaggio naturale e l'inclusione di frasi interrogative, può aumentare la visibilità e l'efficacia delle risposte fornite. Questo approccio non solo migliora la qualità delle interazioni, ma contribuisce anche a migliorare il posizionamento del brand nei risultati di ricerca.

Infine, la revisione e l'aggiornamento regolare dei contenuti del chatbot sono essenziali. Con il cambiamento delle tendenze e delle esigenze degli utenti, è fondamentale mantenere i contenuti freschi e rilevanti. Monitorare le performance del chatbot attraverso l'analisi delle interazioni e il feedback degli utenti permette di identificare aree di miglioramento e di adattare le strategie di contenuto di conseguenza. In questo modo, si garantisce che il chatbot rimanga uno strumento utile e pertinenti per i clienti, contribuendo al successo complessivo delle strategie di Answer Engine Optimization.

Integrazione della SEO con l'intelligenza artificiale

L'integrazione della SEO con l'intelligenza artificiale rappresenta un'evoluzione fondamentale nel panorama del marketing digitale. Con l'aumento della complessità delle ricerche online e l'emergere di assistenti vocali e chatbot, le aziende devono adattare le loro strategie per rimanere competitive. L'intelligenza artificiale, grazie alla sua capacità di elaborare grandi volumi di dati e apprendere dai comportamenti degli utenti, offre strumenti preziosi per ottimizzare i contenuti e migliorare l'esperienza dell'utente. Questo approccio non solo migliora la visibilità nei motori di ricerca, ma consente anche di fornire risposte più pertinenti e rapide alle domande degli utenti.

Un aspetto chiave dell'integrazione SEO con l'IA è l'analisi delle intenzioni di ricerca. Utilizzando algoritmi avanzati, è possibile identificare non solo le parole chiave più cercate, ma anche il contesto e le esigenze specifiche degli utenti. Ciò consente ai marketer di creare contenuti mirati e di qualità che rispondano alle domande frequenti e alle esigenze espresse dagli utenti. L'ottimizzazione per assistenti vocali richiede un'attenzione particolare a questo aspetto, poiché le ricerche vocali tendono a essere più conversazionali e informali rispetto alle query testuali.

Inoltre, l'intelligenza artificiale può facilitare l'ottimizzazione dei contenuti per risposte rapide, un elemento cruciale nell'Answer Engine Optimization. Strumenti di IA possono analizzare i dati delle domande frequenti dei clienti e suggerire modifiche ai contenuti esistenti per migliorare la loro rilevanza. Questa strategia non solo aiuta a rispondere in modo più efficace alle domande degli utenti, ma anche a migliorare il posizionamento nei risultati dei motori di ricerca, dove la velocità e la pertinenza delle risposte sono sempre più premiate.

L'implementazione di chatbot intelligenti è un'altra area in cui l'integrazione della SEO con l'IA può avere un impatto significativo. Questi strumenti possono gestire interazioni in tempo reale con gli utenti, rispondendo a domande comuni e fornendo informazioni utili. Ottimizzare i chatbot per la SEO significa garantire che le risposte fornite siano non solo accurate, ma anche ottimizzate per le parole chiave pertinenti. Ciò aumenta la probabilità che le interazioni con il chatbot portino a conversioni, migliorando l'efficacia complessiva della strategia di marketing.

Infine, l'analisi delle piattaforme di domande e risposte è un ulteriore passo avanti nell'integrazione della SEO con l'intelligenza artificiale. Utilizzando strumenti di analisi avanzati, i marketer possono monitorare le tendenze e le domande più frequenti degli utenti, permettendo loro di adattare le loro strategie di contenuto in tempo reale. Creare contenuti che rispondano a queste domande non solo migliora l'autorità del sito web, ma facilita anche la creazione di una community attiva e coinvolta. L'integrazione della SEO con l'IA, quindi, non è solo una questione di ottimizzazione tecnica, ma rappresenta un'opportunità per costruire relazioni più forti con i clienti e migliorare l'esperienza complessiva dell'utente.

Identificazione delle esigenze degli utenti

L'identificazione delle esigenze degli utenti è un passaggio cruciale nel processo di ottimizzazione per gli answer engine. Comprendere cosa cercano realmente gli utenti consente ai marketer digitali di creare contenuti mirati e pertinenti, in grado di rispondere efficacemente alle domande e ai bisogni specifici del pubblico. Questo processo inizia con l'analisi delle intenzioni di ricerca, che permette di distinguere tra le varie motivazioni che spingono gli utenti a porre domande. Che si tratti di informazioni, transazioni o semplici curiosità, categorizzare queste intenzioni aiuta a delineare una strategia di contenuto più efficace.

Un altro aspetto fondamentale è l'analisi delle domande frequenti dei clienti. Le FAQ non solo forniscono risposte alle domande più comuni, ma offrono anche spunti preziosi per identificare le lacune nel contenuto esistente. Monitorare le richieste degli utenti sui social media, nei forum di settore e attraverso strumenti di analisi delle conversazioni può rivelare tendenze emergenti e temi ricorrenti. Questo approccio permette ai marketer di anticipare le esigenze degli utenti e di adattare le loro strategie di contenuto di conseguenza.

Inoltre, l'ottimizzazione per assistenti vocali richiede un'attenzione particolare alle modalità di formulazione delle domande da parte degli utenti. Le ricerche vocali tendono ad essere più conversazionali e lunghe rispetto alle query tradizionali. È essenziale quindi creare contenuti che rispondano a queste domande in modo diretto e conciso. Strutturare le informazioni in formato di risposta rapida non solo migliora l'esperienza dell'utente, ma aumenta anche le probabilità di essere selezionati come risposta da assistenti vocali e chatbot.

La strategia di contenuto per FAQ deve essere continuamente aggiornata e rifinita in base ai cambiamenti nelle esigenze degli utenti. Un approccio proattivo implica la revisione regolare delle domande più frequenti e la modifica dei contenuti per riflettere le nuove tendenze e le evoluzioni del mercato. Utilizzare strumenti di analisi per monitorare le performance delle FAQ e comprendere quali argomenti generano più interesse è fondamentale per mantenere la rilevanza del contenuto nel tempo.

Infine, l'ottimizzazione per motori di ricerca basati su domande richiede una comprensione profonda delle query degli utenti. Creare contenuti che rispondano direttamente a queste domande non solo migliora la visibilità sui motori di ricerca, ma favorisce anche una connessione più autentica con il pubblico. In un panorama digitale in continua evoluzione, l'identificazione delle esigenze degli utenti rappresenta la base per sviluppare strategie di contenuto efficaci e per garantire che le informazioni siano sempre accessibili e utili per chi cerca risposte.

Struttura dei contenuti per risposte rapide

La struttura dei contenuti per risposte rapide è fondamentale per ottimizzare l'interazione degli utenti con le tecnologie di ricerca avanzate, come assistenti vocali, chatbot e piattaforme di domande e risposte. Questa sezione del libro fornisce una guida dettagliata su come progettare contenuti che rispondano in modo efficace e immediato alle domande degli utenti. Una delle chiavi per una buona ottimizzazione è comprendere le intenzioni di ricerca, poiché questo influisce direttamente su come strutturare le informazioni in modo che siano facilmente accessibili e comprensibili.

In primo luogo, è cruciale identificare le domande più frequenti poste dai clienti e gli argomenti di maggiore interesse nel proprio settore. Questo può essere realizzato attraverso l'analisi delle query di ricerca, monitorando le interazioni degli utenti e raccogliendo feedback. Creare una lista di domande comuni e delle relative risposte concise permette di organizzare i contenuti in modo logico, facilitando la navigazione e migliorando l'esperienza dell'utente. Utilizzare strumenti di analisi delle domande frequenti può rivelarsi utile per scoprire le esigenze reali degli utenti.

La formulazione delle risposte deve essere chiara e diretta. Le risposte rapide devono evitare tecnicismi eccessivi e focalizzarsi su un linguaggio semplice e accessibile. È consigliabile strutturare le risposte in formato di elenco o bullet points, in modo da rendere le informazioni più digeribili e facilmente scansionabili. Inoltre, l'inclusione di esempi pratici e casi studio può aiutare a chiarire ulteriormente i concetti, rendendo i contenuti più pertinenti e coinvolgenti per gli utenti.

Un altro aspetto importante nella creazione di contenuti per risposte rapide è l'ottimizzazione per i motori di ricerca. È fondamentale utilizzare parole chiave pertinenti che riflettano le domande degli utenti. La ricerca di parole chiave deve essere accurata, considerando non solo le parole chiave principali, ma anche le varianti e le domande a coda lunga che potrebbero essere utilizzate negli assistenti vocali o nei chatbot. Questo approccio migliora la visibilità dei contenuti e aumenta le probabilità che vengano selezionati come risposte rapide.

Infine, la revisione e l'aggiornamento regolare dei contenuti sono essenziali per mantenere la loro rilevanza nel tempo. Le domande degli utenti e le tendenze di ricerca possono cambiare rapidamente, quindi è importante monitorare continuamente le performance dei contenuti e apportare modifiche quando necessario. L'analisi delle metriche di interazione e delle performance SEO fornisce dati preziosi per ottimizzare ulteriormente le risposte rapide, garantendo che i contenuti rimangano sempre allineati con le esigenze degli utenti e le evoluzioni del mercato.

Esempi di contenuti ottimizzati per risposte rapide

Esempi di contenuti ottimizzati per risposte rapide sono fondamentali per gli specialisti del marketing digitale che vogliono migliorare la visibilità dei propri contenuti nei motori di ricerca e nelle piattaforme di assistenti vocali. La creazione di contenuti concisi e diretti che rispondono in modo efficace alle domande degli utenti è essenziale per ottimizzare le informazioni e catturare l'attenzione del pubblico. Un esempio pratico potrebbe essere una FAQ ben strutturata, in cui ogni domanda è seguita da una risposta chiara e sintetica. Questo tipo di contenuto non solo migliora l'esperienza dell'utente, ma aumenta anche le probabilità che venga selezionato come risposta da assistenti vocali come Alexa o Google Assistant.

Un altro esempio efficace di contenuto ottimizzato sono le schede informative e i microcontenuti. Questi formati brevi, che possono includere elenchi puntati o tabelle, consentono di presentare le informazioni in modo immediato. Ad esempio, se un'azienda vende prodotti tecnologici, una scheda che riassume le specifiche principali di un prodotto in un formato facilmente leggibile può essere molto utile. Non solo soddisfa la necessità di risposte rapide, ma aumenta anche la possibilità di apparire in ricerche basate su domande specifiche.

Le risposte concise, ad esempio, possono essere realizzate attraverso la creazione di articoli di blog che affrontano domande frequenti in modo diretto. I marketer digitali possono identificare le domande più comuni poste dai clienti e sviluppare contenuti che rispondono a ciascuna di esse in modo chiaro e conciso. Utilizzare strumenti di analisi delle intenzioni di ricerca degli utenti può rivelarsi prezioso in questo processo, poiché fornisce indicazioni su quali argomenti trattare e come formulare le risposte per massimizzare l'engagement.

Inoltre, i video brevi sono un altro formato sempre più popolare per fornire risposte rapide. La creazione di clip informative di uno o due minuti che rispondono a domande specifiche può catturare l'attenzione degli utenti e fornire informazioni utili in modo efficace. Questi video possono essere condivisi su piattaforme social e integrati nei siti web, contribuendo così a migliorare la strategia di contenuto complessiva e a soddisfare le esigenze di informazioni rapide degli utenti.

Infine, l'ottimizzazione dei contenuti per motori di ricerca basati su domande richiede anche un'attenta scelta delle parole chiave. Utilizzare frasi interrogative comuni e inserire varianti di domande all'interno dei contenuti aiuta a garantire che le informazioni siano facilmente trovabili. Integrare queste parole chiave in titoli, sottotitoli e meta descrizioni può aumentare notevolmente le probabilità che il contenuto venga selezionato come risposta rapida, posizionando l'azienda in una posizione vantaggiosa nel panorama competitivo del marketing digitale.

Importanza delle FAQ nel contesto SEO

Le FAQ, o domande frequenti, rivestono un'importanza cruciale nel contesto dell'ottimizzazione per i motori di ricerca (SEO) e, in particolare, nell'ambito dell'Answer Engine Optimization. Le FAQ non solo forniscono risposte dirette e concise alle domande degli utenti, ma svolgono anche un ruolo fondamentale nel migliorare la visibilità online di un sito web. In un'epoca in cui gli utenti cercano informazioni in modo sempre più rapido e diretto, le FAQ diventano uno strumento strategico per anticipare le domande e rispondere in modo efficace, aumentando così le possibilità di posizionamento nei risultati di ricerca.

La strutturazione delle FAQ in un formato chiaro e facilmente navigabile contribuisce a un'esperienza utente ottimale. Quando le informazioni sono presentate in modo accessibile, gli utenti tendono a rimanere più a lungo sulla pagina, riducendo il tasso di abbandono e aumentando l'engagement. Le FAQ ben ottimizzate possono anche contribuire a migliorare i tassi di conversione, poiché forniscono risposte immediate alle preoccupazioni e alle domande degli utenti, facilitando così il processo decisionale. In questo modo, le FAQ non solo servono a informare, ma anche a persuadere.

Inoltre, le FAQ possono essere ottimizzate per rispondere a domande specifiche che gli utenti pongono nei motori di ricerca, migliorando così il posizionamento nelle SERP. Utilizzando parole chiave pertinenti e frasi di ricerca comuni, le aziende possono aumentare la probabilità che le loro FAQ appaiano nei risultati organici. Questa strategia di contenuto non solo aiuta a rispondere alle domande degli utenti, ma posiziona anche il sito come un'autorità nel settore, favorendo la fiducia e la credibilità.

Un altro aspetto significativo delle FAQ nel contesto SEO è la loro capacità di fornire contenuti per assistenti vocali e chatbot. Con l'aumento dell'uso di queste tecnologie, le aziende devono adattare le loro strategie di contenuto per soddisfare le esigenze di ricerca basate su domande. Le FAQ possono essere facilmente integrate in queste piattaforme, offrendo risposte rapide e concise che soddisfano le aspettative degli utenti in tempo reale. Ciò non solo migliora l'esperienza utente, ma aumenta anche la probabilità di attrarre traffico organico.

Infine, l'analisi delle domande frequenti dei clienti è fondamentale per comprendere le intenzioni di ricerca degli utenti. Monitorando le domande più comuni, le aziende possono adattare continuamente le loro strategie di contenuto e SEO per rispondere in modo più efficace alle esigenze del mercato. Questo ciclo di feedback non solo migliora le FAQ esistenti, ma aiuta anche a identificare nuove opportunità di contenuto, garantendo che l'azienda rimanga competitiva e rilevante nel panorama digitale in continua evoluzione.

Creazione di una strategia efficace per le FAQ

La creazione di una strategia efficace per le FAQ è un aspetto cruciale nell'ambito dell'Answer Engine Optimization. Le FAQ non sono solo un elenco di domande e risposte, ma rappresentano un'opportunità strategica per migliorare la visibilità online e soddisfare le esigenze informative degli utenti. Per sviluppare contenuti che rispondano adeguatamente alle domande frequenti, è essenziale comprendere le intenzioni di ricerca degli utenti e il contesto in cui pongono le loro domande. Questo richiede un'analisi approfondita delle query più comuni e delle problematiche che i clienti si trovano ad affrontare.

Un primo passo per una strategia efficace è la raccolta e l'analisi delle domande frequenti dei clienti. Utilizzare strumenti di analisi delle parole chiave e di monitoraggio delle domande sui motori di ricerca può rivelarsi utile. È importante identificare le domande che generano più traffico e comprendere quali risposte sono attualmente disponibili. Questo non solo aiuta a scoprire lacune nei contenuti esistenti, ma offre anche spunti su come migliorare le risposte attuali per renderle più pertinenti e utili.

In seguito, la creazione di contenuti per FAQ deve focalizzarsi sulla chiarezza e sulla concisione. Gli utenti spesso cercano risposte rapide, quindi è fondamentale fornire risposte dirette e facili da comprendere. Utilizzare un linguaggio semplice e strutturare le risposte in modo che siano facilmente leggibili può incrementare l'engagement e la soddisfazione degli utenti. Ad esempio, l'uso di elenchi puntati o numerati per delineare i punti principali può aiutare a rendere le informazioni più accessibili.

Un altro elemento chiave nella strategia per le FAQ è l'ottimizzazione per i motori di ricerca basati su domande. Includere parole chiave pertinenti e frasi che riflettono le domande degli utenti non solo migliora la SEO, ma aumenta anche la probabilità che le risposte siano visualizzate nei risultati di ricerca. È importante monitorare continuamente le performance delle FAQ e ottimizzarle regolarmente per rispondere alle nuove tendenze e alle variazioni delle intenzioni di ricerca degli utenti.

Infine, l'ottimizzazione delle FAQ per assistenti vocali e chatbot rappresenta una frontiera in continua espansione. Con l'aumento dell'uso di queste tecnologie, è necessario adattare le risposte per soddisfare le esigenze di utenti che interagiscono tramite comandi vocali. Considerare il linguaggio naturale e le modalità di interazione degli utenti con queste tecnologie può migliorare notevolmente l'esperienza utente e garantire che le FAQ rimangano rilevanti in un panorama in continua evoluzione.

Analisi delle domande frequenti per migliorare il contenuto

L'analisi delle domande frequenti (FAQ) rappresenta un elemento cruciale per migliorare il contenuto nell'ambito dell'Answer Engine Optimization. Le FAQ non solo rispondono alle interrogative più comuni degli utenti, ma offrono anche un'opportunità per ottimizzare i contenuti in modo da rispondere alle esigenze specifiche del pubblico. Attraverso l'analisi delle domande poste dai clienti, i marketer digitali possono identificare le lacune informative e creare contenuti che rispondano in modo diretto e conciso, migliorando così l'esperienza dell'utente e aumentando la probabilità di conversioni.

Per iniziare questa analisi, è fondamentale raccogliere dati sulle domande più frequenti poste dagli utenti. Ciò può avvenire attraverso strumenti di analisi delle parole chiave, sondaggi, feedback diretti dai clienti o anche tramite l'osservazione delle interazioni sui social media. Una volta raccolti i dati, è possibile classificarli in base a temi ricorrenti e intenzioni di ricerca. Questa categorizzazione non solo facilita l'individuazione delle domande più rilevanti, ma permette anche di sviluppare contenuti mirati che rispondano in modo efficace a ciascuna delle esigenze identificate.

Dopo aver classificato le domande, il passo successivo consiste nell'ottimizzare i contenuti esistenti. Questo significa rivedere le pagine del sito web e i materiali di marketing per garantire che le risposte siano chiare, concise e facilmente accessibili. È importante utilizzare un linguaggio diretto e privo di gergo tecnico, in modo che qualsiasi utente, indipendentemente dal suo livello di competenza, possa comprendere le risposte. Inoltre, l'implementazione di markup schema per le FAQ può migliorare la visibilità nei motori di ricerca e aumentare le possibilità di ottenere rich snippets, ovvero risposte rapide che appaiono direttamente nei risultati di ricerca.

Un altro aspetto da considerare è l'integrazione delle FAQ nelle strategie per assistenti vocali e chatbot. Questi strumenti sono sempre più utilizzati dagli utenti per ottenere risposte rapide. Creare contenuti ottimizzati per questi canali richiede una comprensione approfondita delle modalità di interazione degli utenti. Ad esempio, le domande formulate per assistenti vocali tendono a essere più colloquiali rispetto a quelle scritte, e i marketer devono adattare il contenuto di conseguenza per garantire che le risposte siano naturali e utili.

Infine, è fondamentale monitorare e aggiornare regolarmente le FAQ in base ai cambiamenti nelle richieste degli utenti e nelle tendenze del mercato. L'analisi continua delle domande frequenti consente ai marketer di rimanere al passo con le esigenze del pubblico e di ottimizzare ulteriormente i contenuti. Questo approccio proattivo non solo migliora l'esperienza dell'utente, ma contribuisce anche a posizionare il brand come un'autorità nel settore, aumentando la fiducia e la fedeltà dei clienti.

Tecniche di raccolta delle domande frequenti

Le tecniche di raccolta delle domande frequenti (FAQ) rivestono un'importanza cruciale per i professionisti del digital marketing, soprattutto in un contesto dominato dall'Answer Engine Optimization. La prima fase consiste nella ricerca delle domande più comuni formulate dagli utenti. Questo può essere realizzato attraverso strumenti di analisi delle parole chiave che forniscono dati su ciò che le persone cercano online. Utilizzare piattaforme come Google Trends, Answer The Public o anche le sezioni di suggerimenti di Google può rivelarsi utile per identificare le domande ricorrenti nel proprio settore.

Un'altra tecnica efficace è l'analisi delle conversazioni sui social media. Le interazioni sui social possono rivelare domande genuine poste dai clienti, permettendo di raccogliere informazioni preziose sulle loro esigenze e preoccupazioni. Monitorare le menzioni del brand, partecipare a discussioni e analizzare i commenti può fornire spunti utili per elaborare contenuti che rispondano a queste domande. In questo modo, i marketer possono sviluppare una strategia di contenuti che non solo informi, ma che risponda direttamente alle necessità degli utenti.

Le chat e i chatbot rappresentano un'altra fonte significativa per la raccolta di domande frequenti. Implementare sistemi di chat dal vivo o chatbot sul sito web consente di raccogliere in tempo reale le domande degli utenti. Le risposte più comuni fornite dai chatbot possono essere archiviate e utilizzate per creare sezioni FAQ più complete e pertinenti. Questa strategia non solo migliora l'esperienza dell'utente, ma fornisce anche dati utili per migliorare continuamente la propria offerta informativa.

Inoltre, è fondamentale considerare le domande poste nei forum e nelle piattaforme di domande e risposte, come Quora o Reddit. Questi ambienti sono ricchi di conversazioni autentiche e offrono una panoramica delle esigenze e delle curiosità del pubblico. Analizzando le domande più votate o commentate, i marketer possono estrapolare argomenti di interesse che meritano di essere approfonditi nei contenuti del sito, migliorando così non solo la SEO, ma anche l'engagement con il pubblico.

Infine, l'analisi delle intenzioni di ricerca degli utenti è un aspetto chiave nella raccolta delle domande frequenti. Comprendere se gli utenti cercano informazioni, prodotti, o assistenza è fondamentale per ottimizzare i contenuti e rispondere adeguatamente alle loro richieste. Utilizzando strumenti di analisi semantica, i marketer possono identificare le domande che riflettono le intenzioni degli utenti e creare contenuti che rispondano a queste esigenze in modo conciso e diretto, migliorando la loro visibilità sui motori di ricerca e l'efficacia della strategia di contenuto complessiva.

Strumenti per l'analisi delle domande

Nel contesto dell'Answer Engine Optimization, l'analisi delle domande rappresenta un elemento cruciale per comprendere le esigenze degli utenti e ottimizzare i contenuti di conseguenza. Diverse piattaforme e strumenti possono supportare i marketer digitali in questo processo. Tra i più utilizzati ci sono Google Trends, Answer the Public e SEMrush, che forniscono dati preziosi sulle query degli utenti e sui trend di ricerca emergenti. Questi strumenti aiutano a identificare le domande più frequenti, permettendo di creare contenuti mirati e pertinenti.

Google Trends, in particolare, consente di monitorare l'interesse nel tempo per specifiche domande o argomenti. Attraverso l'analisi dei dati storici, i marketer possono capire come le domande evolvono e quali sono i picchi di interesse. Questo è fondamentale per pianificare contenuti che rispondano tempestivamente alle esigenze degli utenti, aumentando così la probabilità di posizionamento nei risultati di ricerca. Inoltre, la possibilità di confrontare più query consente di valutare quali argomenti siano più rilevanti per il proprio pubblico.

Answer the Public è un altro strumento utile per l'analisi delle domande. Grazie alla sua interfaccia visiva, permette di esplorare una vasta gamma di domande formulate dagli utenti intorno a un determinato argomento. I marketer possono utilizzare queste informazioni per sviluppare contenuti che rispondano direttamente alle domande più comuni, ottimizzando così la loro strategia di contenuto. Inoltre, la possibilità di visualizzare le domande in modo intuitivo facilita l'identificazione di opportunità di ottimizzazione.

SEMrush, d'altra parte, offre una serie di funzionalità avanzate per l'analisi delle intenzioni di ricerca. Attraverso l'analisi delle parole chiave e delle SERP, i marketer possono scoprire quali domande gli utenti pongono più frequentemente e quali contenuti attualmente soddisfano queste domande. Questo strumento non solo aiuta a identificare lacune nei contenuti esistenti, ma consente anche di monitorare la performance dei contenuti nel tempo, rendendo possibile una continua ottimizzazione strategica.

Infine, l'analisi delle domande non si limita solo a strumenti digitali. È fondamentale anche raccogliere feedback diretto dai clienti attraverso sondaggi o interazioni sui social media. Questi dati qualitativi possono arricchire ulteriormente la comprensione delle esigenze degli utenti, integrando le informazioni ottenute dagli strumenti di analisi. In questo modo, è possibile sviluppare una strategia di contenuto più completa e centrata sull'utente, fondamentale per dominare nel panorama delle ricerche future.

Utilizzo delle domande frequenti per la SEO

L'utilizzo delle domande frequenti (FAQ) rappresenta una strategia efficace per migliorare la SEO, in particolare nel contesto dell'Answer Engine Optimization. Le FAQ non solo rispondono alle domande più comuni degli utenti, ma offrono anche l'opportunità di ottimizzare i contenuti per le ricerche vocali e per assistenti virtuali. Integrando le parole chiave giuste nelle risposte delle FAQ, i marketer digitali possono aumentare la visibilità del proprio sito web sui motori di ricerca e attrarre un pubblico più ampio.

Inoltre, le FAQ possono essere una risorsa preziosa per le aziende che desiderano comprendere meglio le esigenze e le domande dei propri clienti. Analizzando le domande frequenti, è possibile identificare le intenzioni di ricerca degli utenti e adattare la propria strategia di contenuto di conseguenza. Questo approccio non solo migliora la SEO, ma aiuta anche a costruire un rapporto di fiducia con il pubblico, dimostrando che l'azienda è attenta alle esigenze dei propri clienti.

Un altro aspetto importante è l'ottimizzazione dei contenuti per risposte rapide. Le FAQ ben strutturate e ottimizzate possono essere presentate come snippet in primo piano nei risultati di ricerca, aumentando la probabilità che gli utenti clicchino sul link. Utilizzando formati di contenuto come elenchi puntati o tabelle, i marketer possono rendere le risposte più accessibili e facilmente scansionabili, migliorando ulteriormente l'esperienza dell'utente.

Le piattaforme di domande e risposte rappresentano un ulteriore canale attraverso il quale le domande frequenti possono essere sfruttate per la SEO. Partecipare attivamente a queste piattaforme consente di posizionare le proprie FAQ in contesti pertinenti e di generare traffico verso il sito web. Inoltre, rispondere a domande comuni su queste piattaforme aumenta la credibilità e l'autorità nel settore, contribuendo a un miglior posizionamento nei risultati di ricerca.

Infine, la strategia di contenuto per le FAQ implica anche un costante monitoraggio e aggiornamento delle domande e risposte. Le tendenze di ricerca possono cambiare rapidamente, e le FAQ devono riflettere queste evoluzioni per rimanere rilevanti. Attraverso l'analisi delle performance delle FAQ e l'implementazione di nuovi contenuti, i marketer digitali possono assicurarsi di mantenere una presenza competitiva nel panorama della SEO, contribuendo così al successo complessivo della strategia di Answer Engine Optimization.

Comprendere i motori di ricerca basati su domande

Comprendere i motori di ricerca basati su domande è fondamentale per i professionisti del marketing digitale che desiderano ottimizzare le loro strategie per il futuro della ricerca. Questi motori si distinguono dai tradizionali strumenti di ricerca poiché sono progettati per fornire risposte dirette a query formulate sotto forma di domande. Questo approccio si allinea perfettamente con l'evoluzione delle abitudini degli utenti, sempre più inclini a digitare domande specifiche piuttosto che parole chiave generiche. Pertanto, è essenziale che i digital marketer comprendano come questi motori elaborano le domande e quali fattori influenzano i risultati forniti.

Per ottimizzare i contenuti per i motori di ricerca basati su domande, è cruciale analizzare le intenzioni di ricerca degli utenti. Gli utenti non cercano solo informazioni, ma desiderano risposte rapide e pertinenti ai loro dubbi. Utilizzando strumenti di analisi delle domande frequenti, i marketer possono identificare le domande più comuni nel loro settore e creare contenuti che rispondano direttamente a queste esigenze. Questo non solo migliora la visibilità nei motori di ricerca, ma aumenta anche l'engagement degli utenti, poiché le risposte sono formulate in modo conciso e diretto.

Un'altra strategia efficace è l'ottimizzazione per assistenti vocali e chatbot. Con la crescente diffusione di queste tecnologie, è fondamentale che i contenuti siano facilmente accessibili anche in formato vocale. I motori di ricerca basati su domande tendono a privilegiare contenuti che rispondono in modo chiaro e sintetico alle domande formulate dagli utenti. Utilizzando un linguaggio naturale e frasi brevi, i marketer possono migliorare la possibilità che i loro contenuti vengano selezionati come risposte da assistenti vocali e chatbot.

Inoltre, la creazione di contenuti per risposte rapide richiede un'attenzione particolare alla struttura delle informazioni. I paragrafi brevi, le liste puntate e le FAQ sono tutti formati che facilitano la lettura e la comprensione. Utilizzando questi formati, i marketer possono ottimizzare le loro pagine web per i motori di ricerca, aumentando la probabilità di apparire nei risultati di ricerca per domande specifiche. È essenziale presentare le informazioni in modo chiaro e diretto, poiché gli utenti tendono ad abbandonare rapidamente le pagine che non rispondono alle loro domande immediatamente.

Infine, l'analisi continua delle performance dei contenuti è cruciale per affinare le strategie di SEO per piattaforme di domande e risposte. Monitorare quali domande generano più traffico e quali risposte si posizionano meglio nei risultati di ricerca consente ai marketer di adattare e migliorare continuamente le loro strategie. Investire tempo nella comprensione delle dinamiche di questi motori di ricerca basati su domande non solo ottimizza la visibilità online, ma offre anche un valore reale agli utenti, costruendo così una relazione di fiducia e autorità nel proprio settore.

Tecniche di ottimizzazione specifiche

Nel contesto dell'Answer Engine Optimization (AEO), le tecniche di ottimizzazione specifiche rivestono un ruolo cruciale per migliorare la visibilità e l'efficacia delle risposte fornite dagli assistenti vocali e dai chatbot. Queste tecniche si concentrano principalmente sull'analisi delle domande frequenti degli utenti e sull'identificazione delle intenzioni di ricerca, permettendo ai marketer di creare contenuti mirati che rispondano in modo diretto e pertinente alle esigenze degli utenti. L'ottimizzazione per motori di ricerca basati su domande richiede una comprensione approfondita delle query degli utenti e una strategia di contenuto che integri risposte concise e chiare.

Un aspetto fondamentale dell'ottimizzazione specifica è l'analisi delle domande frequenti dei clienti. Le FAQ non solo aiutano a rispondere alle domande comuni, ma rappresentano anche un'opportunità per migliorare la SEO. Creare contenuti che rispondano a domande specifiche, utilizzando un linguaggio naturale e accessibile, può aumentare significativamente la probabilità che queste risposte vengano estratte dai motori di ricerca o dagli assistenti vocali. Inoltre, l'uso di parole chiave correlate nelle FAQ aiuta a posizionare meglio i contenuti e a soddisfare le aspettative degli utenti.

Un'altra tecnica di ottimizzazione riguarda la creazione di contenuti per risposte rapide. Questi contenuti devono essere sviluppati tenendo conto del formato e del contesto in cui verranno utilizzati. Le risposte brevi e dirette sono particolarmente efficaci per i dispositivi mobili e gli assistenti vocali, dove gli utenti cercano informazioni rapide e facilmente assimilabili. Utilizzare elenchi puntati, tabelle e grafica può rendere le informazioni più accessibili e più facilmente comprensibili, aumentando la probabilità di coinvolgimento degli utenti.

L'ottimizzazione per piattaforme di domande e risposte è un'altra area in cui le tecniche specifiche possono fare la differenza. Queste piattaforme, come Quora o Yahoo! Answers, offrono opportunità uniche per posizionarsi come esperti in un determinato campo. È essenziale monitorare le domande emergenti e rispondere in modo tempestivo e accurato; in questo modo, si possono generare backlink e aumentare la propria autorità nel settore. Inoltre, partecipare attivamente a queste piattaforme aiuta a costruire una comunità e a migliorare la brand awareness.

Infine, l'analisi delle intenzioni di ricerca degli utenti deve essere al centro della strategia di contenuto. Comprendere se un utente sta cercando informazioni, un prodotto o un servizio specifico consente di adattare i contenuti in modo più efficace. L'utilizzo di strumenti di analisi delle parole chiave e di monitoraggio delle performance può fornire dati preziosi per affinare le strategie di ottimizzazione. Creare contenuti che rispondano non solo a ciò che gli utenti chiedono, ma anche a come e perché lo chiedono, è fondamentale per avere successo nell'ambito dell'Answer Engine Optimization.

Esempi di contenuti ottimizzati per motori di ricerca basati su domande

Esempi di contenuti ottimizzati per motori di ricerca basati su domande possono rivelarsi estremamente efficaci per attrarre l'attenzione degli utenti e soddisfare le loro esigenze informative. Un approccio vincente è quello di analizzare le domande più frequenti poste dagli utenti nel proprio settore specifico. Per esempio, un sito web che si occupa di salute e benessere potrebbe creare contenuti mirati attorno a interrogativi comuni quali "Quali sono i benefici della meditazione?" o "Come posso migliorare il mio sonno?". Questi argomenti non solo rispondono direttamente a domande rilevanti, ma possono anche posizionarsi favorevolmente nei motori di ricerca, grazie a un'ottimizzazione strategica delle parole chiave.

Un altro esempio chiave riguarda le strategie di contenuto per FAQ. Le pagine FAQ ben strutturate, che offrono risposte chiare e concise a domande rilevanti, possono migliorare notevolmente l'esperienza dell'utente. Ad esempio, un sito e-commerce potrebbe implementare una sezione FAQ che risponde a domande come "Qual è la politica di reso?" o "Come posso tracciare il mio ordine?". Oltre a migliorare la soddisfazione del cliente, queste pagine possono attrarre traffico organico, contribuendo così a un migliore posizionamento SEO.

Per quanto riguarda l'ottimizzazione per assistenti vocali, il contenuto deve essere progettato per rispondere a domande formulate in modo naturale. Ad esempio, un blog di cucina potrebbe creare articoli con titoli come "Come fare un risotto perfetto?" o "Quali sono gli ingredienti per una carbonara autentica?". Utilizzando frasi colloquiali e rispondendo a domande specifiche, il contenuto diventa più facilmente accessibile per gli assistenti vocali come Siri o Alexa, aumentando le possibilità di essere selezionato come risposta preferita.

L'analisi delle intenzioni di ricerca degli utenti è un'altra componente cruciale per generare contenuti ottimizzati. Comprendere se gli utenti cercano informazioni, prodotti o servizi permette di creare contenuti adatti alle loro necessità. Ad esempio, un'agenzia di viaggio potrebbe analizzare le domande come "Quali sono le migliori destinazioni per una luna di miele?" e sviluppare articoli dettagliati con consigli, suggerimenti di viaggio e offerte speciali. Questo non solo aiuta a rispondere alle domande degli utenti, ma migliora anche la visibilità nei motori di ricerca.

Infine, la creazione di contenuti per risposte concise è fondamentale nel panorama attuale delle ricerche online. Gli utenti tendono a preferire risposte rapide e dirette, quindi contenuti come "10 motivi per cui dovresti visitare Roma" possono risultare particolarmente attrattivi. Utilizzando elenchi puntati e formati facilmente digeribili, i marketer possono garantire che le informazioni siano presentate in modo chiaro e accattivante. Ciò non solo migliora l'esperienza dell'utente, ma promuove anche la condivisione sui social media, amplificando ulteriormente il raggio d'azione del contenuto.

Introduzione alle piattaforme di domande e risposte

Le piattaforme di domande e risposte rappresentano un elemento fondamentale nel panorama digitale moderno, poiché offrono un modo interattivo per gli utenti di cercare informazioni e ottenere risposte rapide. Queste piattaforme, come Quora, Stack Overflow e Yahoo Answers, hanno guadagnato popolarità grazie alla loro capacità di facilitare il dialogo tra esperti e neofiti, creando comunità attive attorno a tematiche specifiche. Per i digital marketer, comprendere il funzionamento di queste piattaforme è essenziale per sviluppare strategie efficaci di Answer Engine Optimization (AEO).

L'ottimizzazione per le piattaforme di domande e risposte richiede un approccio strategico che tenga conto delle intenzioni di ricerca degli utenti. Gli utenti che utilizzano queste piattaforme sono spesso alla ricerca di risposte specifiche a domande concrete e, pertanto, le strategie di contenuto devono essere mirate a fornire informazioni utili e pertinenti. Questo implica una profonda analisi delle domande frequenti e delle tendenze di ricerca, che possono fornire spunti preziosi per la creazione di contenuti di alta qualità.

Inoltre, con l'aumento dell'uso degli assistenti vocali e dei chatbot, le piattaforme di domande e risposte stanno evolvendo per rispondere a queste nuove esigenze. L'ottimizzazione dei contenuti per fornire risposte rapide e concise è diventata una priorità. I marketer devono adattare le loro strategie per assicurarsi che i contenuti siano facilmente accessibili e comprensibili, non solo per gli utenti umani, ma anche per i motori di ricerca e gli algoritmi di intelligenza artificiale.

Un altro aspetto cruciale è la strategia di contenuto per le FAQ. Le domande frequenti non solo aiutano a rispondere alle esigenze immediate degli utenti, ma migliorano anche la visibilità del marchio sui motori di ricerca. Creare contenuti che affrontano le domande più comuni può portare a un aumento del traffico organico e a una maggiore fiducia da parte degli utenti. I marketer devono quindi investire tempo nella ricerca delle domande pertinenti e nella creazione di contenuti che rispondano in modo efficace.

Infine, l'analisi delle piattaforme di domande e risposte fornisce dati preziosi sulle preferenze e le esigenze degli utenti. Questa comprensione consente ai marketer di ottimizzare le loro campagne e di sviluppare contenuti che rispondano non solo alle domande esplicite, ma anche a quelle implicite. Con un approccio mirato e una comprensione approfondita delle dinamiche delle piattaforme di domande e risposte, i professionisti del marketing digitale possono posizionarsi strategicamente nel mercato e migliorare la loro efficacia nel raggiungere e coinvolgere il pubblico.

Ottimizzazione dei profili e dei contenuti

Ottimizzare i profili e i contenuti è fondamentale per massimizzare l'efficacia delle strategie di Answer Engine Optimization. In un panorama digitale in continua evoluzione, gli assistenti vocali e le interfacce di intelligenza artificiale richiedono un approccio specifico per garantire che le informazioni siano facilmente accessibili e comprensibili. Questo implica non solo la creazione di contenuti di alta qualità, ma anche la strutturazione delle informazioni in modo che possano essere rapidamente elaborate dai motori di ricerca e dai sistemi AI.

Un aspetto cruciale dell'ottimizzazione dei profili è l'analisi delle intenzioni di ricerca degli utenti. Comprendere cosa cercano gli utenti e perché è essenziale per sviluppare contenuti pertinenti. Un'analisi approfondita delle domande frequenti può rivelare tendenze e modelli che aiutano i marketer a rispondere in modo più efficace alle esigenze del pubblico. Creare contenuti che anticipino le domande degli utenti non solo migliora la visibilità nei motori di ricerca, ma aumenta anche l'engagement e la soddisfazione del cliente.

La strategia di contenuto per le FAQ deve essere progettata con attenzione. Le domande frequenti rappresentano un'opportunità unica per fornire risposte concise e dirette, ottimizzate per i motori di ricerca. Utilizzare un linguaggio semplice e frasi brevi aumenta la probabilità che le risposte vengano comprese e utilizzate dagli assistenti vocali. Inoltre, è fondamentale aggiornare regolarmente le FAQ per riflettere le nuove tendenze e le domande emergenti, mantenendo così il contenuto rilevante e utile.

L'ottimizzazione per i motori di ricerca basati su domande richiede un'attenzione particolare alla struttura delle informazioni. Utilizzare elenchi puntati, intestazioni chiare e formati di risposta schematizzati può migliorare la leggibilità e la reperibilità dei contenuti. I chatbot e le interfacce di intelligenza artificiale possono trarre vantaggio da queste tecniche, poiché facilitano l'estrazione di informazioni chiave e risposte rapide, fornendo così un'esperienza utente più fluida.

Infine, la creazione di contenuti per risposte rapide deve essere una priorità per i marketer digitali. Con l'aumento dell'uso degli assistenti vocali e delle piattaforme di domande e risposte, fornire risposte immediate e pertinenti è essenziale. Formattare i contenuti in modo che siano facilmente adattabili a diversi formati, come snippet di risposta o brevi video, può amplificare ulteriormente la loro efficacia. Investire tempo e risorse nell'ottimizzazione di profili e contenuti non solo migliora la visibilità online, ma costruisce anche una solida base di fiducia e autorità nel mercato.

Strategie per aumentare la visibilità su queste piattaforme

Per aumentare la visibilità su piattaforme di Answer Engine Optimization, è fondamentale adottare strategie mirate che si allineino con il comportamento degli utenti e le loro esigenze informative. Una delle prime azioni da intraprendere è l'analisi approfondita delle domande frequenti dei clienti. Comprendere quali sono le domande più comuni e rilevanti per il proprio settore permette di creare contenuti che rispondano direttamente a queste esigenze, aumentando così la probabilità di essere selezionati come fonte di risposta da motori di ricerca e assistenti vocali.

In secondo luogo, è importante ottimizzare i contenuti esistenti per le ricerche basate su domande. Questo comporta l'uso di keyword strategiche che riflettono le query degli utenti. Le frasi interrogative, come "come fare", "cosa è", "perché", devono essere integrate nei contenuti in modo naturale. Inoltre, l'implementazione di schemi di markup strutturati può migliorare la comprensione da parte dei motori di ricerca, facilitando l'estrazione delle informazioni più pertinenti dai contenuti.

Un'altra strategia efficace è la creazione di contenuti per risposte rapide. Con l'aumento dell'uso di assistenti vocali e chatbot, gli utenti cercano risposte immediate e concise. Pertanto, è essenziale sviluppare contenuti che possano essere facilmente consumati in formato breve. Utilizzare elenchi puntati, sottotitoli chiari e sezioni dedicate alle FAQ aiuta a fornire risposte rapide e dirette, aumentando le possibilità di apparire nei risultati di ricerca brevi.

Inoltre, è cruciale monitorare e analizzare le intenzioni di ricerca degli utenti. Utilizzare strumenti di analisi per capire quali sono le query più cercate e come gli utenti interagiscono con i contenuti è fondamentale per affinare continuamente la propria strategia. Le modifiche ai contenuti, basate su dati analitici, possono portare a un miglioramento significativo della visibilità e dell'engagement degli utenti sulle piattaforme.

Infine, la promozione attiva dei contenuti attraverso canali social e altre piattaforme online può amplificare la visibilità. Condividere link a contenuti ottimizzati su social media, forum e comunità online aumenta le possibilità di interazione e condivisione. Collaborare con influencer e esperti di settore per diffondere le informazioni può anche contribuire a costruire credibilità e autorità, rendendo i contenuti più appetibili per gli utenti e i motori di ricerca.

Comprendere le intenzioni di ricerca

Comprendere le intenzioni di ricerca è fondamentale per qualsiasi strategia di marketing digitale, specialmente nell'ambito dell'Answer Engine Optimization. Con l'evoluzione delle tecnologie, gli utenti non si limitano più a digitare parole chiave generiche, ma formulano domande specifiche, cercando risposte rapide e pertinenti. Questo cambiamento nelle modalità di ricerca richiede ai marketer di adattare le proprie strategie per soddisfare queste nuove esigenze. Analizzare le intenzioni di ricerca consente di creare contenuti più mirati e utili, migliorando così l'esperienza utente e aumentando il tasso di conversione.

Le intenzioni di ricerca possono essere classificate in diverse categorie: informativa, navigazionale, trasazionale e commerciale. Ogni categoria riflette un diverso tipo di esigenza dell'utente. Ad esempio, un'utente che cerca "come fare una torta al cioccolato" sta manifestando un'intenzione informativa, mentre qualcuno che cerca "comprare torta al cioccolato online" ha un'intenzione trasazionale. Comprendere queste differenze è cruciale per creare contenuti che rispondano esattamente alle domande degli utenti e favoriscano il posizionamento nei motori di ricerca.

È importante anche considerare il contesto in cui avviene la ricerca. Le intenzioni possono variare notevolmente a seconda di fattori come la localizzazione geografica, l'ora del giorno e le tendenze stagionali. Utilizzare strumenti di analisi del comportamento degli utenti e monitorare le performance delle parole chiave consente ai marketer di ottimizzare continuamente i propri contenuti e strategie. Questa analisi non solo aiuta a identificare le domande frequenti, ma permette anche di prevedere le future esigenze degli utenti.

In un contesto di assistenti vocali e chatbot, comprendere le intenzioni di ricerca diventa ancora più cruciale. Le interazioni vocali sono spesso più naturali e colloquiali rispetto alle ricerche scritte. Gli utenti si aspettano risposte immediate e concise, e se i contenuti non sono ottimizzati per questo formato, si rischia di perdere opportunità significative. Creare contenuti che rispondano in modo diretto e chiaro alle domande degli utenti può migliorare notevolmente l'interazione con questi strumenti e aumentare la soddisfazione del cliente.

Infine, monitorare e analizzare le intenzioni di ricerca deve diventare una pratica continua. Poiché le abitudini degli utenti e le tecnologie evolvono, anche le strategie di contenuto devono adattarsi di conseguenza. Investire tempo e risorse nell'analisi delle domande frequenti dei clienti e nell'ottimizzazione per motori di ricerca basati su domande aiuta a mantenere un vantaggio competitivo. Solo comprendendo a fondo le intenzioni di ricerca si possono creare esperienze utente che rispondano perfettamente alle reali necessità, assicurando così il successo a lungo termine delle proprie strategie di marketing digitale.

Strumenti per l'analisi delle intenzioni di ricerca

L'analisi delle intenzioni di ricerca è un elemento fondamentale per il successo delle strategie di Answer Engine Optimization. Comprendere cosa cercano realmente gli utenti quando formulano una query permette ai marketer di creare contenuti più pertinenti e mirati. Per affrontare questa sfida, è essenziale utilizzare strumenti avanzati che possano svelare le motivazioni e le necessità degli utenti. Tra i più noti, Google Trends offre una panoramica delle tendenze di ricerca nel tempo, aiutando a identificare picchi di interesse e argomenti emergenti.

Un altro strumento utile è il Keyword Planner di Google, che non solo fornisce idee per le parole chiave, ma offre anche dati sul volume di ricerca e sulla competitività. Queste informazioni possono essere fondamentali per comprendere quali domande e argomenti siano più rilevanti per il proprio pubblico. Utilizzare il Keyword Planner in combinazione con l'analisi delle SERP (Search Engine Results Pages) consente di ottenere una visione più chiara delle intenzioni di ricerca, poiché è possibile osservare quali risultati appaiono per determinate query e come questi si allineano con le esigenze degli utenti.

Le piattaforme di domande e risposte, come Quora e Reddit, rappresentano un'altra risorsa preziosa. Attraverso l'analisi delle domande più frequenti e delle discussioni popolari, i marketer possono identificare le preoccupazioni e i dubbi degli utenti. Questi spazi di interazione forniscono anche suggerimenti su come formulare le risposte in modo conciso e chiaro, un aspetto cruciale per l'ottimizzazione dei contenuti. Integrare le intuizioni provenienti da queste piattaforme consente di affinare ulteriormente la strategia di contenuto e di rispondere in modo più efficace alle necessità degli utenti.

Inoltre, strumenti di analisi vocale come AnswerThePublic possono rivelarsi estremamente utili per chi si occupa di ottimizzazione per assistenti vocali. Questi strumenti mostrano le domande che gli utenti pongono in relazione a un determinato argomento, facilitando l'identificazione delle frasi chiave e delle formulazioni più naturali. Poiché il numero di ricerche vocali continua a crescere, l'uso di tali strumenti diventa essenziale per garantire che i contenuti siano ottimizzati per rispondere in modo diretto e pertinente alle query vocali.

Infine, l'implementazione di strumenti di analisi dei dati, come Google Analytics, permette di monitorare il comportamento degli utenti sul sito web. Analizzando quali contenuti ricevono più traffico e quali domande vengono poste più frequentemente, è possibile adattare la strategia di contenuto in base alle reali esigenze degli utenti. Questo approccio data-driven offre un vantaggio competitivo nel panorama digitale in continua evoluzione, consentendo ai marketer di anticipare le intenzioni di ricerca e di fornire risposte rapide e pertinenti.

Creazione di contenuti in base alle intenzioni di ricerca

La creazione di contenuti in base alle intenzioni di ricerca è un elemento cruciale nell'ambito dell'Answer Engine Optimization (AEO). Con l'evoluzione dei motori di ricerca e l'avvento di assistenti vocali e chatbot, è diventato fondamentale comprendere cosa vogliono realmente gli utenti quando pongono domande. Le intenzioni di ricerca possono essere suddivise in diverse categorie: informativa, navigazionale, transazionale e commerciale. Ogni categoria richiede un approccio specifico nella creazione di contenuti, affinché le risposte siano pertinenti e utili per il pubblico.

Per iniziare, è necessario condurre un'analisi approfondita delle domande frequenti (FAQ) e delle query degli utenti. Utilizzare strumenti di analisi delle parole chiave può aiutare a identificare quali domande gli utenti pongono maggiormente in relazione al proprio settore. Questa fase di ricerca dà vita a un database di contenuti potenziali che possono essere sviluppati per rispondere in modo diretto e chiaro alle esigenze degli utenti. È importante notare che le risposte devono essere formulate in modo conciso, soprattutto per i contenuti destinati a piattaforme di domande e risposte o assistenti vocali, dove gli utenti cercano risposte rapide.

La strategia di contenuto deve essere progettata tenendo conto di ciascuna intenzione di ricerca. Quando si creano contenuti informativi, è essenziale fornire dettagli e contesto, mentre per le intenzioni navigazionali, i contenuti dovrebbero guidare l'utente verso risorse specifiche. Per le intenzioni transazionali, è necessario ottimizzare le descrizioni dei prodotti e le offerte, assicurandosi che siano facilmente accessibili e comprensibili. In questo modo, i marketer possono aumentare non solo il traffico, ma anche il tasso di conversione, poiché le risposte soddisfano le aspettative dell'utente.

Un altro aspetto fondamentale è l'ottimizzazione dei contenuti per risposte rapide. Ciò implica l'uso di formati di contenuto che facilitano l'estrazione di informazioni da parte dei motori di ricerca. I marcatori di schema, ad esempio, aiutano i motori a comprendere meglio il contenuto, aumentando così le probabilità che venga visualizzato nei risultati delle ricerche come snippet in primo piano. La creazione di elenchi puntati, tabelle e grafica informativa può migliorare ulteriormente la leggibilità e l'attrattiva dei contenuti, rendendoli più appetibili sia per gli utenti che per i motori di ricerca.

Infine, monitorare e analizzare le performance dei contenuti è essenziale. Utilizzando strumenti di analisi web, è possibile valutare quali contenuti stanno rispondendo efficacemente alle intenzioni di ricerca degli utenti e quali necessitano di ulteriori ottimizzazioni. Questa fase di feedback consente ai marketer di adattare continuamente le proprie strategie, assicurando che i contenuti rimangano rilevanti e in linea con le esigenze del pubblico. Investire tempo ed energie nella creazione di contenuti basati sulle intenzioni di ricerca rappresenta una strategia vincente per dominare nel panorama in continua evoluzione dell'ottimizzazione per i motori di ricerca.

Importanza delle risposte concise

L'importanza delle risposte concise nel contesto dell'Answer Engine Optimization è un aspetto cruciale per i professionisti del marketing digitale. In un'epoca in cui gli utenti cercano informazioni in modo rapido e immediato, le risposte brevi e dirette diventano fondamentali. Non solo facilitano la comprensione, ma aumentano anche la probabilità che il contenuto venga consumato e condiviso. Le risposte concise si allineano perfettamente con le aspettative degli utenti, che desiderano ottenere ciò di cui hanno bisogno senza dover scorrere lunghe pagine di testo.

Le assistenti vocali e i chatbot rappresentano una delle principali frontiere dell'ottimizzazione per le risposte concise. Questi strumenti sono progettati per fornire risposte rapide a domande specifiche. Per garantire che le informazioni siano utili e pertinenti, i marketer devono concentrarsi sulla sintesi dei contenuti. Le risposte devono essere strutturate in modo da rispondere in modo diretto all'intento di ricerca dell'utente. Ciò non solo migliora l'esperienza dell'utente, ma aumenta anche la probabilità di conversione.

Un altro aspetto importante è la creazione di contenuti per le FAQ. Le domande frequenti sono un ottimo modo per affrontare le interrogative più comuni e, se formulate correttamente, possono fungere da risorse preziose per gli utenti. Le risposte concise nelle FAQ non solo semplificano la navigazione, ma contribuiscono anche a migliorare il posizionamento nei motori di ricerca. Infatti, i motori di ricerca tendono a premiare contenuti chiari e pertinenti, che rispondono direttamente alle domande degli utenti.

L'analisi delle intenzioni di ricerca gioca un ruolo fondamentale nell'ottimizzazione delle risposte. Comprendere il motivo per cui gli utenti pongono determinate domande consente ai marketer di strutturare le risposte in modo più efficace. Quando le risposte sono formulate in modo da riflettere l'intento dell'utente, non solo si migliora l'esperienza di ricerca, ma si aumenta anche l'autorità del brand. Le risposte concise dimostrano competenza e rendono il contenuto più accessibile.

Infine, l'ottimizzazione per motori di ricerca basati su domande e piattaforme di domande e risposte richiede un approccio strategico. Le risposte concise sono più facilmente indicizzabili e possono essere visualizzate nei risultati di ricerca in modo prominente. Creare contenuti che rispondano in modo diretto e chiaro alle domande degli utenti non solo migliora la visibilità, ma favorisce anche un'interazione più significativa con il pubblico. Investire nella redazione di risposte concise rappresenta quindi una strategia vincente per qualsiasi marketer digitale che desideri dominare il futuro delle ricerche.

Tecniche per la scrittura di risposte concise

La scrittura di risposte concise è una competenza fondamentale per i professionisti del marketing digitale, in particolare per coloro che si occupano di Answer Engine Optimization. Le tecniche per creare risposte brevi e dirette sono essenziali per soddisfare le esigenze degli utenti che cercano informazioni rapide. In un contesto in cui l'attenzione degli utenti è limitata, è cruciale sviluppare contenuti che siano immediatamente comprensibili e facilmente digeribili.

Una delle tecniche più efficaci è l'uso di frasi brevi e chiare. Evitare frasi complesse e strutture grammaticali intricate permette di comunicare rapidamente il messaggio. Le risposte dovrebbero iniziare con l'informazione più rilevante, seguito da dettagli aggiuntivi solo se necessario. Questa tecnica non solo migliora la comprensibilità, ma aumenta anche le probabilità che l'utente trovi ciò che cerca senza dover leggere un lungo paragrafo.

Un altro approccio utile è l'uso di elenchi puntati o numerati. Questo formato consente di presentare informazioni in modo organizzato e visivamente accessibile. Gli utenti possono scorrere rapidamente le informazioni e identificare i punti chiave senza sforzo. Inoltre, gli assistenti vocali e i chatbot tendono a restituire risposte più efficaci quando i contenuti sono strutturati in questo modo, poiché possono estrarre facilmente le informazioni pertinenti.

È fondamentale anche focalizzarsi sull'intento di ricerca dell'utente. Comprendere cosa sta cercando l'utente e quale tipo di risposta si aspetta consente di creare contenuti più pertinenti. Analizzare le domande frequenti e le ricerche correlate può fornire spunti preziosi per sviluppare risposte che rispondano direttamente alle esigenze degli utenti. Questa strategia non solo migliora l'esperienza dell'utente, ma aumenta anche la rilevanza dei contenuti per i motori di ricerca.

Infine, la revisione e l'ottimizzazione delle risposte sono passaggi imprescindibili. Rivedere le risposte per eliminare ridondanze e migliorare la chiarezza garantisce che il contenuto sia sempre aggiornato e pertinente. Sfruttare strumenti di analisi per monitorare le performance delle risposte può fornire ulteriori indicazioni su come migliorarle nel tempo. Investire tempo in queste tecniche non solo migliora la qualità delle risposte, ma contribuisce anche a una strategia di contenuto più efficace nel contesto dell'Answer Engine Optimization.

Esempi di contenuti efficaci e concisi

Esempi di contenuti efficaci e concisi possono fare la differenza nell'ottimizzazione per gli assistenti vocali e nelle strategie di Answer Engine Optimization. Un buon esempio è rappresentato dalle domande frequenti (FAQ) ben strutturate. Rispondere in modo chiaro e diretto alle domande più comuni permette non solo di soddisfare immediatamente le esigenze degli utenti, ma anche di migliorare la visibilità nei risultati di ricerca. Le risposte concise, che non superano le 50-60 parole, sono ideali per i dispositivi vocali, dove gli utenti cercano risposte rapide.

Un altro esempio efficace riguarda l'uso di liste e punti elenco. Quando si forniscono informazioni, organizzare i contenuti in formato elenco consente agli utenti di scorrere rapidamente le informazioni essenziali. Questo approccio è particolarmente utile per i chatbot e le piattaforme di domande e risposte, dove la chiarezza e la rapidità sono fondamentali. Un elenco puntato con i benefici di un prodotto o servizio, ad esempio, può catturare l'attenzione e facilitare una decisione d'acquisto.

La creazione di contenuti ottimizzati per le intenzioni di ricerca degli utenti è un altro aspetto cruciale. Gli utenti non cercano solo informazioni generiche, ma risposte specifiche alle loro domande. Pertanto, è importante analizzare le query più frequenti e formulare contenuti che rispondano direttamente a queste richieste. Utilizzare frasi dirette che contengono le parole chiave pertinenti può aumentare le possibilità di apparire nei risultati di ricerca dei motori ottimizzati per domande.

Un esempio pratico di contenuto conciso è la descrizione di un prodotto. Una descrizione che evidenzi i punti chiave, come caratteristiche, vantaggi e utilizzo, in un formato breve e accattivante può migliorare l'interazione con il cliente. Le informazioni devono essere presentate in modo che gli utenti possano rapidamente comprenderne il valore senza dover leggere lunghi paragrafi. Questo approccio non solo migliora l'esperienza utente, ma anche la capacità di conversione.

Infine, l'analisi delle domande frequenti dei clienti deve guidare la creazione di contenuti. Attraverso l'analisi delle richieste più comuni, i marketer digitali possono sviluppare risposte che non solo soddisfano le esigenze immediate degli utenti, ma che sono anche ottimizzate per le ricerche vocali e le interazioni con l'intelligenza artificiale. Utilizzare strumenti di analisi delle intenzioni di ricerca consente di identificare i temi rilevanti e di produrre contenuti che si allineano perfettamente con le aspettative degli utenti, rendendo le informazioni facilmente accessibili e utili.

Cos'è la ricerca vocale

La ricerca vocale rappresenta una delle più significative evoluzioni nel campo del digital marketing e dell'interazione uomo-macchina. Essa consente agli utenti di effettuare ricerche e ottenere informazioni semplicemente parlando, grazie all'uso di assistenti vocali come Alexa, Google Assistant e Siri. Questa modalità di interazione ha trasformato il modo in cui le persone cercano informazioni, rendendo le query più naturali e conversazionali. Gli utenti non si limitano più a digitare parole chiave, ma formulano domande complete e frasi in linguaggio naturale, il che implica una necessità di adattamento da parte dei marketer.

Un aspetto cruciale della ricerca vocale è la sua capacità di comprendere e interpretare il contesto delle richieste degli utenti. Questo richiede un'ottimizzazione dei contenuti che tenga conto delle domande frequenti e delle frasi colloquiali utilizzate nel linguaggio quotidiano. Le aziende devono quindi rivedere le loro strategie SEO, integrando tecniche specifiche per catturare l'attenzione degli assistenti vocali. Utilizzare dati strutturati diventa fondamentale per migliorare l'indicizzazione dei contenuti, facilitando così l'accesso alle informazioni richieste dagli utenti.

Nel contesto della creazione di skills per assistenti vocali, i marketer devono considerare le esigenze specifiche dei loro target. La progettazione di esperienze vocali coinvolgenti e utili può fare la differenza nel modo in cui un'azienda viene percepita. Inoltre, la narrazione diventa un elemento chiave per rendere i contenuti vocali più accattivanti e memorabili. Le tecniche di storytelling possono aiutare a costruire una connessione emotiva con l'utente, aumentando così l'efficacia delle interazioni vocali.

L'ottimizzazione dei contenuti audio è un altro aspetto fondamentale della ricerca vocale. I formati di contenuto devono essere adattati per garantire che le informazioni siano facilmente fruibili attraverso gli assistenti vocali. Ciò include la creazione di contenuti che rispondano in modo diretto e chiaro alle domande degli utenti, come le FAQ ottimizzate. Le aziende locali, in particolare, devono prestare attenzione a come le loro informazioni vengono presentate, poiché le ricerche vocali hanno un forte focus sulla localizzazione.

Infine, il monitoraggio e l'analisi delle performance dei contenuti vocali sono essenziali per comprendere il comportamento degli utenti. Attraverso strumenti di analisi, le aziende possono ottenere insight preziosi su quali query vocali generano il maggior coinvolgimento e come gli utenti interagiscono con i contenuti. Questo feedback consente di affinare ulteriormente le strategie di marketing e ottimizzare le esperienze vocali, garantendo che le aziende rimangano competitive in un panorama in continua evoluzione.

Importanza della ricerca vocale nel marketing digitale

La ricerca vocale sta rapidamente diventando una componente fondamentale nel marketing digitale, influenzando il modo in cui i consumatori interagiscono con i contenuti online. Con l'aumento dell'uso di assistenti vocali come Alexa, Google Assistant e Siri, le aziende devono adattare le loro strategie per ottimizzare la visibilità dei loro contenuti. Questo cambiamento richiede una comprensione approfondita delle query vocali e delle intenzioni degli utenti, che spesso si differenziano dalle ricerche testuali tradizionali.

L'ottimizzazione per la ricerca vocale implica la creazione di contenuti che rispondano in modo efficace alle domande poste dagli utenti. È essenziale utilizzare un linguaggio naturale e conversazionale, poiché le persone tendono a formulare le loro richieste vocali in modo più colloquiale rispetto a quando digitano. Le FAQ, ad esempio, possono essere un formato ideale per rispondere a domande comuni in modo diretto e chiaro, facilitando l'indicizzazione da parte degli assistenti vocali.

Inoltre, l'importanza dei dati strutturati non può essere sottovalutata. Utilizzando markup come Schema.org, le aziende possono migliorare la comprensibilità dei loro contenuti per i motori di ricerca, aumentando le probabilità che le loro risposte vengano selezionate come "featured snippets" nelle ricerche vocali. Questo è particolarmente cruciale per le aziende locali, dove le informazioni come indirizzi, numeri di telefono e orari di apertura sono frequentemente ricercate tramite assistenti vocali.

La creazione di skills per assistenti vocali rappresenta un'opportunità unica per le aziende di interagire con i consumatori in modo innovativo. Queste applicazioni vocali possono fornire informazioni utili, promozioni e persino assistenza clienti, migliorando l'esperienza complessiva dell'utente. Le tecniche di narrazione, adattate per la fruizione audio, possono rendere l'interazione ancora più coinvolgente, permettendo alle aziende di raccontare la loro storia in modo memorabile.

Infine, il monitoraggio e l'analisi delle performance dei contenuti vocali devono diventare parte integrante delle strategie di marketing digitale. Le aziende dovrebbero raccogliere dati sulle query vocali e sul comportamento degli utenti per adattare continuamente le loro offerte e migliorare l'efficacia delle loro campagne. Solo attraverso un'analisi approfondita sarà possibile rimanere competitivi in un panorama digitale in continua evoluzione, dove la ricerca vocale gioca un ruolo sempre più centrale.

Principi dell'indicizzazione per assistenti vocali

L'indicizzazione per assistenti vocali rappresenta un'area in continua evoluzione nel panorama del marketing digitale. Comprendere i principi di base che governano questo processo è fondamentale per ottimizzare i contenuti e garantire la massima visibilità nelle ricerche vocali. A differenza delle ricerche tradizionali, dove gli utenti digitano parole chiave, le query vocali tendono a essere più conversazionali e lunghe. Questo richiede un approccio diverso per la creazione e l'indicizzazione dei contenuti, affinché possano rispondere adeguatamente alle domande degli utenti.

Uno dei principali principi dell'indicizzazione per assistenti vocali è l'importanza della pertinenza del contenuto. I motori di ricerca vocali come Alexa analizzano le query e cercano contenuti che rispondano in modo diretto e preciso alle domande degli utenti. Ciò implica che i marketer debbano concentrarsi su contenuti che rispondano a domande frequenti e sull'ottimizzazione di sezioni come le FAQ. Inoltre, l'utilizzo di dati strutturati è cruciale per migliorare la comprensione dei contenuti da parte degli assistenti vocali, facilitando la loro indicizzazione e aumentando la probabilità di apparire tra i risultati.

Un altro aspetto da considerare è l'ottimizzazione dei contenuti audio. Gli assistenti vocali non solo forniscono risposte testuali, ma anche audio. Creare contenuti audio di alta qualità che siano informativi e coinvolgenti può migliorare l'esperienza utente e incentivare le interazioni. Inoltre, l'uso di tecniche di narrazione efficaci può rendere il messaggio più memorabile, aumentando così le possibilità di essere selezionati come risposta da parte degli assistenti vocali.

Le strategie di SEO vocale per aziende locali meritano particolare attenzione. Le ricerche vocali tendono ad avere un forte intento locale, quindi è fondamentale che le aziende ottimizzino i loro contenuti per attrarre clienti nella loro area geografica. Ciò include l'inserimento di informazioni locali nei contenuti e l'ottimizzazione delle schede aziendali per apparire nei risultati delle ricerche vocali. Le aziende devono anche considerare come le recensioni e le testimonianze possono influenzare la loro visibilità negli assistenti vocali.

Infine, il monitoraggio e l'analisi delle performance dei contenuti vocali sono essenziali per comprendere il comportamento degli utenti e adattare le strategie di conseguenza. Utilizzando strumenti di analisi, i marketer possono ottenere informazioni preziose su quali contenuti funzionano meglio, quali query vocali generano più traffico e come gli utenti interagiscono con i contenuti vocali. Questa analisi aiuta a migliorare continuamente le pratiche di indicizzazione, garantendo che le aziende rimangano competitive nel crescente mercato della ricerca vocale.

Tecniche per migliorare l'indicizzazione

L'indicizzazione dei contenuti per gli assistenti vocali è una sfida che richiede un approccio strategico e mirato. Per iniziare, è fondamentale comprendere come gli assistenti vocali come Alexa elaborano le informazioni. L'ottimizzazione per la ricerca vocale implica l'uso di un linguaggio naturale e conversazionale. Le frasi lunghe e complesse possono risultare meno efficaci rispetto a domande brevi e dirette. Pertanto, è consigliabile riformulare i contenuti per soddisfare questo criterio, utilizzando domande frequenti come punto di partenza.

Un altro aspetto cruciale è l'ottimizzazione dei contenuti audio. Le aziende possono beneficiare della creazione di podcast o contenuti audio che rispondano a esigenze specifiche degli utenti. Utilizzando tecniche di SEO per il contenuto audio, come l'inserimento di parole chiave pertinenti nei titoli e nelle descrizioni, si può migliorare notevolmente l'indicizzazione. Inoltre, è importante garantire che il contenuto audio sia di alta qualità, poiché la chiarezza e la qualità del suono influenzano l'esperienza dell'utente e il posizionamento nei risultati di ricerca.

La creazione di skills per assistenti vocali rappresenta un'opportunità significativa per le aziende locali. Questi strumenti possono essere progettati per fornire informazioni specifiche sui servizi locali, come orari di apertura o promozioni attuali. Per massimizzare l'indicizzazione, le skills dovrebbero includere un linguaggio naturale e risposte dirette alle domande frequenti degli utenti. Inoltre, l'integrazione di dati strutturati può facilitare la comprensione dei contenuti da parte degli assistenti vocali, migliorando così la visibilità.

Le FAQ sono un formato particolarmente efficace per l'ottimizzazione dei contenuti per assistenti vocali. Formulando domande e risposte in modo strategico, le aziende possono anticipare le query degli utenti e fornire risposte rapide e accurate. L'uso di un linguaggio semplice e diretto non solo migliora l'esperienza dell'utente, ma aiuta anche gli algoritmi a indicizzare correttamente il contenuto. Monitorare le performance delle FAQ e aggiornare regolarmente le informazioni è essenziale per mantenere la rilevanza e l'efficacia.

Infine, l'analisi delle query vocali e il comportamento degli utenti offrono preziose informazioni su come ottimizzare ulteriormente i contenuti. Utilizzando strumenti di analisi, è possibile identificare le domande più comuni e le frasi utilizzate dagli utenti. Questa conoscenza consente di adattare i contenuti alle esigenze reali del pubblico, migliorando l'indicizzazione e l'interazione. L'integrazione di tecniche di narrazione nei contenuti vocali può anche aumentare l'engagement degli utenti, rendendo le informazioni più accessibili e memorabili.

Formati audio ottimali per assistenti vocali

I formati audio ottimali per assistenti vocali sono fondamentali per garantire che i contenuti siano facilmente accessibili e fruibili dagli utenti. Quando si tratta di ottimizzare i contenuti audio per assistenti vocali come Alexa, è importante considerare il tipo di file audio e la qualità della registrazione. Formati comuni come MP3 e WAV sono tra i più utilizzati, poiché offrono un buon equilibrio tra qualità del suono e dimensione del file. La scelta del formato può influenzare non solo la qualità dell'esperienza utente, ma anche la velocità di caricamento e l'interpretazione da parte dell'assistente vocale.

La qualità audio è un altro aspetto cruciale. Contenuti registrati in alta definizione, con una chiara articolazione e senza rumore di fondo, migliorano significativamente la comprensibilità delle informazioni fornite. Utilizzare attrezzature professionali per la registrazione e una corretta post-produzione può fare la differenza nel modo in cui gli utenti percepiscono il contenuto. Inoltre, è essenziale mantenere i file audio brevi e concisi, in modo da adattarsi meglio alle aspettative degli utenti che interagiscono con assistenti vocali.

Un'altra considerazione importante è l'ottimizzazione per la ricerca vocale. Gli assistenti vocali utilizzano algoritmi avanzati per interpretare le richieste degli utenti, quindi è fondamentale progettare i contenuti audio in modo che rispondano a domande comuni o a query specifiche. Strutture di contenuto chiare e segmentate, come elenchi puntati o risposte dirette a domande frequenti, possono migliorare la capacità dell'assistente vocale di fornire risposte accurate e pertinenti.

Inoltre, la creazione di skills per Alexa e altri assistenti vocali richiede una particolare attenzione ai formati audio. Le skills devono essere progettate per interagire in modo fluido con gli utenti, e l'audio deve essere ottimizzato per un'esperienza utente senza interruzioni. È importante testare i contenuti audio su diversi dispositivi per garantire che siano riproducibili in modo efficace e che mantengano la qualità su piattaforme diverse.

Infine, il monitoraggio delle performance dei contenuti audio è essenziale per comprendere come gli utenti interagiscono con essi. Analizzare le metriche di ascolto e le preferenze degli utenti consente di apportare modifiche e ottimizzazioni ai formati audio utilizzati. Utilizzare dati strutturati può ulteriormente migliorare l'indicizzazione e la visibilità dei contenuti all'interno degli assistenti vocali, creando così un ciclo virtuoso di miglioramento continuo della qualità e dell'efficacia dei contenuti audio per gli assistenti vocali.

Creazione di contenuti audio coinvolgenti

Creare contenuti audio coinvolgenti è fondamentale per catturare l'attenzione degli utenti e ottimizzare l'esperienza con gli assistenti vocali. I digital marketer devono considerare diversi fattori per garantire che i loro contenuti siano non solo ascoltabili, ma anche memorabili. Una narrazione chiara e accattivante, unita a un ritmo appropriato, può mantenere l'interesse dell'utente. Utilizzare tecniche di storytelling è essenziale: raccontare storie in modo coinvolgente può trasformare un semplice messaggio promozionale in un'esperienza che l'utente desidera condividere.

La struttura dei contenuti audio deve essere progettata per facilitare l'interazione vocale. Gli assistenti vocali, come Alexa, funzionano meglio con contenuti brevi e diretti. È importante utilizzare frasi concise e chiare, evitando tecnicismi che potrebbero confondere l'utente. Inoltre, la ripetizione di concetti chiave può aiutare a rinforzare il messaggio e migliorare la comprensione. In questo contesto, le FAQ rappresentano un formato ideale, poiché possono rispondere rapidamente alle domande più comuni in modo che gli utenti possano ottenere le informazioni di cui hanno bisogno senza sforzo.

L'ottimizzazione dei contenuti audio per la ricerca vocale richiede una comprensione approfondita delle query vocali. I digital marketer devono adattare il loro linguaggio per riflettere le modalità di ricerca degli utenti. Utilizzare dati strutturati, come i markup schema, può migliorare la visibilità dei contenuti audio negli assistenti vocali. Questo non solo aiuta nell'indicizzazione, ma rende anche più probabile che il contenuto venga selezionato come risposta a una query. L'analisi delle query vocali permette di identificare le parole chiave più efficaci e di adattare i contenuti di conseguenza.

Inoltre, la creazione di skills per assistenti vocali rappresenta un'opportunità per ampliare l'interazione con il pubblico. Le skills devono essere progettate per offrire valore e risolvere problemi specifici degli utenti. Integrando contenuti multimediali, come suoni e musica, si può arricchire l'esperienza audio, rendendo il messaggio più coinvolgente. La coerenza dei contenuti audio con il brand è fondamentale; ogni skill deve riflettere l'identità e i valori dell'azienda.

Infine, monitorare e analizzare le performance dei contenuti vocali è essenziale per ottimizzare le strategie di marketing. Utilizzare strumenti di analisi per raccogliere dati sulle interazioni degli utenti con i contenuti audio consente di apportare modifiche basate su feedback reali. Comprendere il comportamento degli utenti e le loro preferenze aiuta a migliorare continuamente la qualità e l'efficacia dei contenuti audio. In un panorama digitale in continua evoluzione, la capacità di adattarsi e innovare sarà la chiave per il successo nel marketing vocale.

Importanza del SEO vocale per le aziende locali

L'importanza del SEO vocale per le aziende locali è crescente, poiché sempre più utenti si affidano agli assistenti vocali per ottenere informazioni rapide e pertinenti. Le ricerche vocali tendono ad essere più conversazionali e specifiche rispetto alle query testuali tradizionali. Questo significa che le aziende locali devono adattare le loro strategie SEO per rispondere a queste nuove modalità di interazione. L'ottimizzazione per la ricerca vocale non è solo un'opportunità, ma una necessità per rimanere competitivi nel mercato attuale.

Uno degli aspetti fondamentali del SEO vocale è la comprensione delle query degli utenti. Le domande formulate vocalmente tendono a includere frasi più lunghe e dettagliate. Le aziende locali devono quindi concentrare i propri sforzi sull'individuazione delle parole chiave a coda lunga e su come queste possono essere incorporate nei contenuti. L'analisi delle query vocali può fornire dati preziosi su ciò che gli utenti cercano, permettendo alle aziende di creare contenuti mirati e rilevanti.

Inoltre, la creazione di contenuti ottimizzati per assistenti vocali implica anche una riflessione sull'uso di dati strutturati. Integrando schemi come il markup di tipo "LocalBusiness", le aziende possono migliorare la loro visibilità nei risultati delle ricerche vocali. I dati strutturati aiutano gli assistenti vocali a comprendere meglio le informazioni e a fornire risposte più accurate agli utenti. Questo approccio non solo aumenta la probabilità di comparire nei risultati vocali, ma migliora anche l'esperienza utente.

Un'altra strategia efficace è l'ottimizzazione delle FAQ per le ricerche vocali. Le domande frequenti rappresentano un formato ideale per rispondere a query vocali comuni. Creare contenuti che rispondano in modo chiaro e conciso a queste domande non solo aiuta a soddisfare le esigenze degli utenti, ma contribuisce anche a posizionare l'azienda come un'autorità nel proprio settore. Utilizzare tecniche di narrazione può rendere le risposte più coinvolgenti, attirando così l'attenzione degli utenti.

Infine, il monitoraggio e l'analisi delle performance dei contenuti vocali sono cruciali per affinare le strategie SEO nel tempo. Le aziende devono prestare attenzione alle metriche che indicano come gli utenti interagiscono con i contenuti vocali, per identificare aree di miglioramento. Questo processo di ottimizzazione continua garantisce che le aziende locali possano adattarsi rapidamente ai cambiamenti nel comportamento degli utenti e mantenere una forte presenza nel panorama digitale.

Tecniche di ottimizzazione specifiche per il mercato locale

Le tecniche di ottimizzazione specifiche per il mercato locale sono fondamentali per il successo delle strategie di marketing digitale, specialmente quando si tratta di assistenti vocali come Alexa. Le aziende locali devono adattare i propri contenuti per rispondere alle esigenze specifiche della loro comunità, assicurandosi che le informazioni siano facilmente accessibili e rilevanti per il pubblico locale. L'ottimizzazione per il mercato locale implica una comprensione approfondita delle query vocali che gli utenti utilizzano quando cercano prodotti o servizi nella loro area, il che può differire significativamente dalle ricerche testuali tradizionali.

Un aspetto cruciale dell'ottimizzazione locale è l'uso di dati strutturati. Implementare markup come schema.org può migliorare l'indicizzazione dei contenuti, consentendo agli assistenti vocali di recuperare e presentare informazioni pertinenti in modo più efficace. Ad esempio, l'inserimento di informazioni sulla posizione, come indirizzi e numeri di telefono, aiuta a garantire che le aziende locali siano facilmente trovabili. Inoltre, è importante includere dettagli specifici, come orari di apertura e recensioni, che possono influenzare la decisione degli utenti quando interagiscono con gli assistenti vocali.

Le FAQ ottimizzate per gli assistenti vocali rappresentano un'altra tecnica chiave. Creare sezioni di domande frequenti ben strutturate e mirate alle esigenze locali può migliorare la probabilità che le risposte vengano fornite in modo diretto e conciso. Utilizzando un linguaggio naturale e frasi comuni che gli utenti potrebbero pronunciare, le aziende possono aumentare la loro visibilità nelle risposte vocali. Inoltre, considerare le domande specifiche che i consumatori locali potrebbero avere è essenziale per garantire che i contenuti siano rilevanti e utili.

La creazione di skills per Alexa e altri assistenti vocali è un'altra strategia efficace per le aziende locali. Queste applicazioni vocali possono fornire informazioni personalizzate e interattive agli utenti, facilitando l'accesso ai servizi. Le aziende possono sviluppare skills che rispondano a domande comuni, offrano suggerimenti sui prodotti o permettano prenotazioni direttamente attraverso comandi vocali. Questo approccio non solo migliora l'esperienza dell'utente, ma può anche promuovere una maggiore interazione con il marchio, creando un legame più forte con la clientela locale.

Infine, l'integrazione di contenuti multimediali è fondamentale per ottimizzare l'esperienza degli utenti che utilizzano assistenti vocali. Contenuti audio, come podcast o clip audio promozionali, possono essere utilizzati per attrarre l'attenzione degli utenti e fornire informazioni in modo coinvolgente. Inoltre, l'analisi delle query vocali e del comportamento degli utenti permette alle aziende di monitorare l'efficacia delle loro strategie e apportare miglioramenti continui. Utilizzando questi dati, le aziende possono adattare i propri contenuti e le proprie tecniche di ottimizzazione per soddisfare le esigenze in continua evoluzione del mercato locale.

Cos'è una skill e come funziona

Una skill è un'applicazione progettata per funzionare con assistenti vocali come Alexa. Queste applicazioni offrono agli utenti un modo interattivo per accedere a informazioni, servizi e funzionalità tramite comandi vocali. Le skill possono variare da semplici quiz e giochi a strumenti più complessi per la gestione della casa intelligente, la prenotazione di ristoranti o l'accesso a notizie e meteo. La loro implementazione richiede una comprensione approfondita delle esigenze degli utenti e delle modalità con cui interagiscono con la tecnologia vocale.

Le skill funzionano attraverso un processo di riconoscimento vocale e comprensione del linguaggio naturale. Quando un utente fornisce un comando vocale, il sistema elabora la richiesta e attiva la skill corrispondente. Questo processo implica diverse fasi, tra cui la trascrizione dell'audio in testo, l'interpretazione del significato e l'esecuzione delle azioni desiderate. Ogni skill è programmata per riconoscere specifici comandi e frasi, il che richiede una progettazione accurata per garantire che l'esperienza utente sia fluida e intuitiva.

Per i marketer digitali, comprendere come funziona una skill è cruciale per ottimizzare i contenuti per l'interazione vocale. Le strategie di SEO vocale devono tener conto delle query più comuni fatte dagli utenti e delle informazioni che cercano. Creare contenuti che rispondano a queste domande in modo chiaro e conciso è essenziale per posizionarsi bene nei risultati di ricerca vocali. Inoltre, l'ottimizzazione delle FAQ per assistenti vocali è un'ottima strategia per fornire risposte immediate e pertinenti, migliorando così l'esperienza dell'utente.

La creazione di skills per Alexa e altri assistenti vocali richiede non solo competenze tecniche, ma anche una buona dose di creatività e comprensione del pubblico di riferimento. Le aziende devono considerare quali problemi possono risolvere attraverso queste applicazioni e come possono integrare i loro contenuti multimediali in modo efficace. L'uso di dati strutturati è un altro elemento fondamentale, poiché aiuta a migliorare l'indicizzazione e a garantire che le informazioni siano facilmente accessibili agli utenti.

Infine, il monitoraggio e l'analisi delle performance delle skill sono essenziali per valutare il loro successo e apportare miglioramenti. Raccogliere dati su come gli utenti interagiscono con le skill consente alle aziende di affinare le loro strategie e adattarsi meglio alle esigenze del mercato. Le tecniche di narrazione per contenuti vocali possono anche aumentare l'engagement, rendendo l'interazione non solo informativa, ma anche coinvolgente.

Passaggi per creare una skill efficace

Per creare una skill efficace, è fondamentale iniziare con una chiara comprensione delle esigenze degli utenti e delle loro aspettative. Il primo passaggio consiste nell'effettuare un'analisi approfondita delle query vocali. Questo permette di identificare le domande più frequenti e le problematiche che gli utenti desiderano risolvere attraverso l'assistente vocale. Utilizzando strumenti di analisi delle query, i marketer possono raccogliere dati preziosi sulle preferenze del pubblico, che serviranno come base per lo sviluppo della skill.

Il secondo passaggio riguarda la definizione degli obiettivi della skill. È cruciale stabilire quali risultati si vogliono raggiungere, che si tratti di fornire informazioni, vendere prodotti o migliorare l'engagement degli utenti. Una volta definiti gli obiettivi, è possibile progettare un'interfaccia utente intuitiva e un flusso di conversazione logico. Questo aiuterà a garantire che gli utenti possano interagire senza difficoltà e trovare rapidamente ciò che cercano.

Il terzo passaggio implica la creazione di contenuti di alta qualità e pertinenti. I contenuti devono essere ottimizzati per la voce, con frasi concise e chiare che rispondano direttamente alle domande degli utenti. È importante utilizzare un linguaggio naturale e colloquiale, dato che le interazioni vocali tendono a essere più informali rispetto a quelle testuali. Inoltre, l'integrazione di formati multimediali, come audio e video, può arricchire l'esperienza utente, rendendo la skill più coinvolgente.

In quarto luogo, è essenziale testare e ottimizzare la skill prima del lancio. Questo passaggio prevede la raccolta di feedback da parte degli utenti e l'analisi delle loro interazioni. Attraverso test di usabilità e sessioni di monitoraggio, è possibile identificare eventuali problemi e apportare miglioramenti. La revisione continua e l'ottimizzazione in base ai dati raccolti garantiranno che la skill rimanga rilevante e utile nel tempo.

Infine, una volta che la skill è stata lanciata, il monitoraggio delle performance è cruciale. Analizzare le metriche di utilizzo, come la frequenza delle interazioni e il tasso di completamento delle azioni, permette di comprendere come gli utenti stanno interagendo con la skill. Questi dati possono fornire spunti per ulteriori miglioramenti e per l'implementazione di nuove funzionalità. Adottare un approccio basato sui dati consentirà ai marketer di adattarsi rapidamente alle mutevoli esigenze del mercato e di ottimizzare continuamente l'esperienza utente.

Tipologie di query vocali

Le tipologie di query vocali si possono classificare in diverse categorie, ognuna delle quali risponde a specifici intenti degli utenti. Le query informative sono tra le più comuni; gli utenti le utilizzano per ottenere risposte a domande dirette. Ad esempio, la richiesta di informazioni su un argomento specifico come "Qual è la capitale d'Italia?" rappresenta un intento di ricerca chiaro e immediato. Per i marketer digitali, è fondamentale riconoscere che le query informative devono essere ottimizzate con contenuti chiari e concisi che rispondano direttamente alle domande formulate dagli utenti.

Un'altra tipologia di query vocale è quella di navigazione. Gli utenti utilizzano questo tipo di query per trovare un sito web o un'applicazione specifica. Per esempio, una richiesta come "Apri Spotify" indica un intento di navigazione chiaro. Le aziende devono quindi assicurarsi che il proprio brand sia facilmente accessibile attraverso gli assistenti vocali. Questo implica una corretta indicizzazione e una presenza attiva su piattaforme vocali, affinché gli utenti possano trovare rapidamente ciò che cercano.

Le query transazionali sono particolarmente rilevanti per le aziende locali e per il commercio online. Gli utenti che formulano richieste come "Compra un biglietto per il cinema" o "Ordina una pizza" hanno un intento di acquisto molto chiaro. Per i marketer, ottimizzare i contenuti per le query transazionali significa creare esperienze di acquisto fluide e integrate con i sistemi di pagamento vocali. Implementare strategie SEO specifiche per questi tipi di query può portare a un aumento delle conversioni e a un miglioramento dell'esperienza utente.

Le query di confronto rappresentano un'altra categoria importante. Gli utenti possono utilizzare assistenti vocali per confrontare prodotti o servizi, come nel caso di richieste tipo "Qual è il miglior smartphone del

2023?" Qui, il marketer deve fornire contenuti che non solo informino, ma anche che mettano in evidenza i punti di forza e le differenze tra le opzioni disponibili. Utilizzare dati strutturati e ottimizzare le FAQ può aiutare a posizionare i contenuti in modo più efficace per queste query, aumentando la probabilità di essere scelti dagli utenti.

Infine, le query di opinione riflettono il desiderio degli utenti di esprimere sentimenti o esperienze, come "Cosa ne pensi di questo ristorante?" Queste query richiedono contenuti che siano non solo informativi, ma anche coinvolgenti e persuasivi. Le tecniche di narrazione possono risultare particolarmente efficaci per attrarre l'attenzione degli utenti e incoraggiarli a interagire con i contenuti vocali. Monitorare e analizzare le performance di questi contenuti è essenziale per comprendere meglio il comportamento degli utenti e ottimizzare le strategie di marketing vocale nel tempo.

Comprensione del comportamento degli utenti

La comprensione del comportamento degli utenti è fondamentale per ottimizzare le strategie di marketing digitale, in particolare nell'ambito delle query vocali. Gli assistenti vocali, come Alexa, hanno trasformato il modo in cui gli utenti cercano informazioni, effettuano acquisti e interagiscono con i contenuti. A differenza delle ricerche testuali, le query vocali tendono ad essere più conversazionali e contestuali. Pertanto, è essenziale analizzare questi comportamenti per creare contenuti che rispondano efficacemente alle domande degli utenti e soddisfino le loro esigenze.

Un aspetto cruciale da considerare è il linguaggio utilizzato dagli utenti durante le interazioni vocali. Le ricerche vocali spesso includono frasi più lunghe e naturali rispetto alle ricerche testuali, il che implica che le aziende devono rivedere il proprio approccio SEO. Utilizzare un linguaggio colloquiale e domande frequenti nel contenuto può migliorare notevolmente la visibilità nei risultati di ricerca vocali. Inoltre, è importante monitorare le parole chiave che gli utenti utilizzano nelle loro query vocali per adattare le strategie di contenuto di conseguenza.

Inoltre, l'analisi delle query vocali offre preziose informazioni sul contesto e sulle intenzioni degli utenti. Comprendere se un utente sta cercando informazioni, desidera effettuare un acquisto o sta semplicemente cercando di risolvere un problema consente di ottimizzare le risposte fornite dagli assistenti vocali. Le aziende possono utilizzare queste informazioni per creare skills e contenuti audio su misura, che non solo rispondono alle domande frequenti, ma forniscono anche un valore aggiunto, come suggerimenti, recensioni o guide pratiche.

La personalizzazione gioca un ruolo fondamentale nella creazione di un'esperienza utente positiva. Gli assistenti vocali possono utilizzare i dati storici e le preferenze degli utenti per fornire risposte più pertinenti e personalizzate. Le aziende devono quindi implementare tecniche di narrazione che non solo informano, ma coinvolgono anche gli utenti, creando un legame emotivo attraverso contenuti audio ben strutturati. Questo approccio non solo migliora l'esperienza dell'utente, ma può anche aumentare la fidelizzazione e la soddisfazione del cliente.

Infine, il monitoraggio e l'analisi delle performance dei contenuti vocali sono essenziali per adattare le strategie nel tempo. Utilizzare strumenti di analisi per valutare quali contenuti funzionano meglio con le query vocali e quali aree necessitano di miglioramenti consente di ottimizzare continuamente le strategie di contenuto. L'integrazione di dati strutturati e la creazione di formati di contenuto adatti per la ricerca vocale, come le FAQ, possono contribuire a migliorare ulteriormente l'indicizzazione e la rilevanza, garantendo che le aziende rimangano competitive nel panorama in evoluzione del marketing digitale.

Ruolo dei contenuti multimediali negli assistenti vocali

Il ruolo dei contenuti multimediali negli assistenti vocali è fondamentale per migliorare l'interazione tra gli utenti e le tecnologie vocali. Con l'aumento dell'utilizzo di dispositivi come Amazon Alexa e Google Assistant, è diventato cruciale capire come i contenuti multimediali possono influenzare l'esperienza dell'utente. Le aziende devono integrare audio, video e immagini nei loro contenuti per rendere le interazioni più coinvolgenti e informative. La combinazione di diversi formati multimediali non solo aiuta a catturare l'attenzione degli utenti, ma anche a fornire risposte più complete e utili, migliorando così la soddisfazione dell'utente.

In particolare, l'ottimizzazione dei contenuti audio per gli assistenti vocali è un aspetto chiave. Le aziende devono considerare come le informazioni vengono presentate in forma audio, poiché gli assistenti vocali spesso comunicano attraverso risposte vocali. L'adozione di tecniche di narrazione efficaci può trasformare semplici informazioni in esperienze memorabili. Utilizzare un linguaggio chiaro e colloquiale, insieme a pause strategiche, può migliorare la comprensibilità e l'engagement degli utenti. Inoltre, l'inclusione di elementi audio come suoni di sottofondo o effetti sonori può rendere l'interazione più dinamica.

La creazione di skills per assistenti vocali rappresenta un'altra opportunità per le aziende di sfruttare i contenuti multimediali. Le skills possono incorporare quiz, giochi e storie, utilizzando audio e video per arricchire l'esperienza. Le aziende locali, in particolare, possono beneficiarne, creando contenuti che rispondano a domande frequenti o che presentino le offerte in modo accattivante. Questo approccio non solo aiuta a fidelizzare i clienti, ma aumenta anche la visibilità nei risultati delle query vocali.

L'integrazione di contenuti multimediali non si limita solo all'audio e al video. Le aziende possono utilizzare dati strutturati per migliorare l'indicizzazione dei loro contenuti. Attraverso markup specifici, è possibile fornire agli assistenti vocali informazioni più dettagliate, facilitando la comprensione delle query degli utenti. Questo non solo aumenta la probabilità di apparire nei risultati vocali, ma migliora anche la pertinenza delle risposte fornite. L'ottimizzazione delle FAQ, ad esempio, può risultare particolarmente efficace, poiché gli utenti tendono a porre domande dirette agli assistenti vocali.

Infine, il monitoraggio e l'analisi delle performance dei contenuti vocali sono essenziali per affinare le strategie. Le aziende devono esaminare le interazioni degli utenti con i contenuti multimediali, valutando quali formati funzionano meglio e quali necessitano di miglioramenti. L'analisi delle query vocali consente di identificare le esigenze e i comportamenti degli utenti, facilitando l'adattamento delle strategie di contenuto. La continua evoluzione dei contenuti multimediali per assistenti vocali garantirà che le aziende rimangano competitive in un mercato in rapida crescita.

Best practices per l'integrazione di contenuti multimediali

L'integrazione di contenuti multimediali negli assistenti vocali rappresenta un'opportunità unica per i marketer digitali di coinvolgere gli utenti in modo più profondo e significativo. Per massimizzare l'efficacia di questa integrazione, è fondamentale seguire alcune best practices. Innanzitutto, è essenziale garantire che i contenuti audio siano professionali e di alta qualità. L'uso di registrazioni chiare e ben prodotte non solo migliora l'esperienza dell'utente, ma contribuisce anche a costruire la fiducia nel marchio. Inoltre, i contenuti devono essere ben strutturati e facili da seguire, in modo che gli utenti possano assorbire le informazioni senza sforzo.

Un'altra pratica fondamentale è l'ottimizzazione dei contenuti per la ricerca vocale. Questo implica l'uso di un linguaggio naturale e conversazionale, che rispecchi il modo in cui gli utenti parlano realmente. Utilizzare domande e frasi colloquiali può migliorare le probabilità che i contenuti vengano restituiti nelle query vocali. Inoltre, incorporare parole chiave pertinenti che riflettono le intenzioni degli utenti è cruciale. Le domande frequenti (FAQ) possono essere particolarmente efficaci in questo contesto, poiché rispondono direttamente alle esigenze degli utenti e possono essere ottimizzate per l'indicizzazione vocale.

La creazione di skills per assistenti vocali come Alexa richiede un'attenzione particolare ai contenuti multimediali. È importante progettare esperienze interattive che non solo informino, ma coinvolgano gli utenti. L'uso di storie, giochi e quiz può rendere l'interazione più interessante e memorabile. I marketer dovrebbero considerare di integrare elementi sonori e musicali che possano migliorare l'atmosfera e rendere l'esperienza più coinvolgente. Tale approccio non solo aumenta la soddisfazione dell'utente, ma favorisce anche il ritorno per ulteriori interazioni.

Inoltre, l'analisi delle query vocali offre preziose informazioni sul comportamento degli utenti e sulle loro preferenze. Monitorare le performance dei contenuti vocali e analizzare le query più frequenti può fornire spunti utili per ottimizzare ulteriormente i contenuti. I dati strutturati possono essere utilizzati per migliorare l'indicizzazione e garantire che i contenuti siano facilmente accessibili dagli assistenti vocali. Implementare strategie basate su dati empirici permette di adattare le offerte e le interazioni alle esigenze specifiche del pubblico.

Infine, la narrazione gioca un ruolo cruciale nell'integrazione di contenuti multimediali per assistenti vocali. Creare storie coinvolgenti e pertinenti può catturare l'attenzione degli utenti e mantenerli interessati. Le tecniche di narrazione dovrebbero essere utilizzate per costruire un legame emotivo con il pubblico, facilitando un'esperienza più ricca e appagante. Investire tempo nello sviluppo di contenuti narrativi di alta qualità non solo migliora l'esperienza dell'utente, ma può anche differenziare un marchio in un mercato sempre più competitivo.

Tipi di contenuto adatti alla ricerca vocale

Nell'era della digitalizzazione, il contenuto ottimizzato per la ricerca vocale sta diventando sempre più rilevante. Gli assistenti vocali come Alexa, Google Assistant e Siri hanno modificato il modo in cui gli utenti interagiscono con le informazioni. Pertanto, è fondamentale per i marketer digitali comprendere quali tipologie di contenuto possono essere più efficaci per soddisfare le esigenze di ricerca vocale. I contenuti devono essere concisi, diretti e in grado di rispondere rapidamente alle domande poste dagli utenti.

Le domande frequenti (FAQ) rappresentano un formato ideale per la ricerca vocale. Poiché gli utenti tendono a porre domande complete piuttosto che semplici parole chiave, le FAQ possono essere strutturate per riflettere le query vocali più comuni. Creare una sezione FAQ dettagliata sul proprio sito web può non solo migliorare l'esperienza dell'utente, ma anche aumentare le possibilità di essere selezionati come "risposta zero" nei risultati di ricerca. Questo tipo di contenuto è particolarmente utile per le aziende locali che desiderano rispondere a interrogativi specifici relativi ai loro servizi.

Inoltre, il contenuto audio ottimizzato rappresenta un'altra opportunità significativa. I podcast e gli audiolibri stanno guadagnando popolarità e possono essere facilmente integrati con gli assistenti vocali. Creare contenuti audio che rispondano a domande frequenti o che offrano informazioni utili permette alle aziende di raggiungere un pubblico più vasto e di fornire un'esperienza coinvolgente. Gli audio devono essere progettati con attenzione, utilizzando una narrazione chiara e accattivante, per mantenere l'attenzione dell'ascoltatore.

Un altro formato efficace è l'integrazione di contenuti multimediali, come video e immagini, che accompagnano le risposte vocali. Anche se la ricerca vocale è principalmente testuale, l'aggiunta di contenuti visivi può migliorare l'interazione e fornire un contesto più ricco alle risposte. L'ottimizzazione dei dati strutturati è cruciale in questo contesto, poiché consente ai motori di ricerca di comprendere meglio il contenuto e di presentarlo in modo appropriato nelle ricerche vocali.

Infine, le strategie di SEO vocale devono considerare l'importanza della localizzazione. Le ricerche vocali tendono a essere più localizzate rispetto alle ricerche testuali, quindi è essenziale che le aziende locali ottimizzino i loro contenuti per le query vocali. Questo include l'uso di parole chiave specifiche per la località, l'ottimizzazione delle pagine di destinazione e la creazione di skills per assistenti vocali che rispondano a domande comuni relative alla zona. Con un approccio strategico e mirato, le aziende possono migliorare la loro visibilità nella ricerca vocale e soddisfare le esigenze dei consumatori moderni.

Esempi di formati efficaci

Nel contesto della SEO vocale, è fondamentale comprendere quali formati di contenuto siano più efficaci per interagire con gli assistenti vocali come Alexa. Un formato che si è dimostrato particolarmente utile è quello delle FAQ. Le domande frequenti non solo soddisfano le esigenze degli utenti che cercano risposte rapide, ma si allineano perfettamente con il modo in cui gli assistenti vocali formulano le risposte. Le FAQ possono essere strutturate in modo chiaro e conciso, facilitando l'indicizzazione e aumentando la probabilità di apparire tra i risultati vocali.

Un altro formato efficace è quello dei brevi articoli o guide pratiche. Questi contenuti, se ben strutturati, offrono risposte dirette a domande specifiche e possono guidare gli utenti attraverso un processo passo-passo. La chiave è mantenere il linguaggio semplice e diretto, in modo che le informazioni possano essere facilmente comprese e assimilate anche in un formato audio. Inoltre, l'aggiunta di frasi chiave pertinenti e l'uso di dati strutturati possono migliorare ulteriormente la visibilità di questi contenuti nelle ricerche vocali.

Le liste sono un altro formato che ha dimostrato di funzionare bene con la ricerca vocale. Le persone tendono a cercare informazioni in modo che possano essere consumate rapidamente. Le liste, che possono includere suggerimenti, risorse o suggerimenti utili, si prestano bene a questo scopo. Gli assistenti vocali possono presentare questi formati in modo efficace, rendendo le informazioni più accessibili e di facile comprensione per gli utenti in movimento.

Inoltre, i contenuti audio, come i podcast, stanno guadagnando sempre più attenzione. Gli assistenti vocali possono riprodurre questi formati direttamente, offrendo agli utenti un'esperienza più immersiva. È importante ottimizzare i podcast con descrizioni dettagliate e parole chiave pertinenti, in modo che possano essere facilmente trovati attraverso le ricerche vocali. La narrazione coinvolgente e la struttura ben definita dei contenuti audio possono migliorare l'engagement e la retention dell'audience.

Infine, l'integrazione di contenuti multimediali, come video e immagini, può arricchire l'esperienza utente anche in un contesto vocale. Sebbene gli assistenti vocali non possano mostrare immagini direttamente, è possibile progettare contenuti che utilizzino descrizioni visive chiare e coinvolgenti. Questo approccio non solo migliora la qualità del contenuto, ma fornisce anche un contesto utile per le risposte vocali, facilitando una migliore comprensione e interazione da parte degli utenti.

Importanza delle FAQ per la ricerca vocale

L'importanza delle FAQ per la ricerca vocale è un aspetto cruciale da considerare per i digital marketer che desiderano ottimizzare i loro contenuti per gli assistenti vocali come Alexa. Le domande frequenti, o FAQ, rappresentano un formato di contenuto estremamente rilevante poiché rispondono in modo diretto e conciso alle interrogative più comuni degli utenti. Questo rende le FAQ non solo utili per gli utenti, ma anche facilmente accessibili per gli algoritmi di ricerca vocale, che tendono a privilegiare risposte chiare e rapide.

La ricerca vocale ha modificato il modo in cui gli utenti interagiscono con i motori di ricerca, portando a un aumento delle query formulate in linguaggio naturale. Le FAQ, strutturate in modo chiaro e con domande formulate in modo colloquiale, si adattano perfettamente a questo nuovo paradigma. Incorporare frasi chiave che gli utenti potrebbero pronunciare aiuta a garantire che le risposte siano facilmente comprese dagli assistenti vocali. Così, le aziende possono migliorare la loro visibilità e raggiungere un pubblico più ampio.

Un altro aspetto fondamentale è che le FAQ possono facilitare l'integrazione di dati strutturati. Utilizzare markup schema per le domande e le risposte non solo rende il contenuto più comprensibile per i motori di ricerca, ma aumenta anche la probabilità che venga selezionato come risposta vocale. Questo è particolarmente rilevante per le aziende locali, poiché le FAQ possono includere informazioni come orari di apertura, localizzazione e dettagli di contatto, rendendo più semplice per gli assistenti vocali fornire informazioni pertinenti agli utenti.

Inoltre, le FAQ possono essere un ottimo strumento per le strategie di narrazione. Creare risposte che non siano solo informative, ma anche coinvolgenti, può migliorare l'esperienza dell'utente. Quando le FAQ sono redatte con un tono amichevole e informativo, non solo attraggono l'attenzione, ma possono anche incentivare gli utenti a interagire ulteriormente con il brand. Questo approccio può risultare particolarmente efficiente per le aziende che desiderano costruire una relazione più profonda con i loro clienti attraverso i canali vocali.

Infine, monitorare e analizzare le performance delle FAQ è essenziale per ottimizzare continuamente i contenuti. Utilizzare strumenti di analisi per comprendere quali domande e risposte generano maggiore interesse può fornire indicazioni preziose per migliorare la strategia di contenuto. Con l'evoluzione della tecnologia vocale e il cambiamento delle abitudini degli utenti, è fondamentale che i digital marketer rimangano aggiornati e adattino le loro FAQ di conseguenza, garantendo così che i loro contenuti rimangano rilevanti e facilmente accessibili.

Tecniche di scrittura per FAQ ottimizzate

Le tecniche di scrittura per FAQ ottimizzate sono fondamentali per migliorare la visibilità dei contenuti negli assistenti vocali come Alexa. Quando si creano domande e risposte, è essenziale utilizzare un linguaggio naturale e colloquiale, simile a quello che gli utenti impiegherebbero nelle loro query vocali. Questo approccio non solo facilita la comprensione da parte degli assistenti vocali, ma aumenta anche la probabilità che le risposte siano selezionate come risultato di ricerca. Un'analisi approfondita delle query comuni degli utenti può fornire preziose indicazioni su quali domande includere nelle FAQ.

Inoltre, è importante strutturare le FAQ in modo chiaro e conciso. Ogni risposta deve essere breve, ma informativa, evitando tecnicismi e linguaggio complicato. Si consiglia di limitare le risposte a circa 40-50 parole, poiché questo formato è più facilmente assimilabile e più probabile da riprodurre verbalmente dagli assistenti vocali. L'uso di punti elenco può anche rendere le informazioni più accessibili e facilmente scansionabili, migliorando così l'esperienza utente.

Le tecniche di SEO vocale dovrebbero guidare il processo di ottimizzazione delle FAQ. Utilizzare parole chiave a coda lunga e frasi che riflettono le query degli utenti è cruciale. Ad esempio, invece di utilizzare frasi generiche, si dovrebbero includere domande specifiche che gli utenti potrebbero porre. L'integrazione di dati strutturati, come Schema.org, può anche aiutare a migliorare l'indicizzazione delle FAQ, rendendo le informazioni più comprensibili per i motori di ricerca e gli assistenti vocali.

La creazione di contenuti multimediali per accompagnare le FAQ può ulteriormente arricchire l'esperienza utente. Incorporare audio o video che rispondano a domande frequenti non solo rende le informazioni più coinvolgenti, ma può anche aiutare a chiarire concetti complessi. Gli assistenti vocali possono anche fornire un link a questi contenuti aggiuntivi, creando un ecosistema di informazioni più ampio e interattivo.

Infine, è fondamentale monitorare e analizzare le performance delle FAQ ottimizzate. Utilizzare strumenti di analisi per capire quali domande generano più interazioni e quali risposte vengono maggiormente utilizzate dagli assistenti vocali può fornire indicazioni preziose per migliorare continuamente il contenuto. Questo approccio basato sui dati consente di adattare le strategie di contenuto alle esigenze in evoluzione degli utenti, garantendo una maggiore efficacia nel lungo termine.

Cos'è un dato strutturato e perché è importante

I dati strutturati sono informazioni organizzate in un formato specifico che consente ai motori di ricerca e agli assistenti vocali di comprendere meglio il contenuto di una pagina web. Questi dati sono tipicamente rappresentati attraverso markup, come schema.org, che offre un linguaggio comune per descrivere le informazioni in modo che possano essere facilmente interpretate dai sistemi automatizzati. Per esempio, un'azienda potrebbe utilizzare dati strutturati per definire chiaramente dettagli come il nome, l'indirizzo, il numero di telefono e gli orari di apertura, facilitando così la ricerca locale.

La loro importanza risiede nella capacità di migliorare la visibilità dei contenuti e l'esperienza dell'utente. Quando i dati strutturati sono implementati correttamente, i motori di ricerca possono presentare informazioni più ricche nei risultati, come i rich snippet, che attirano l'attenzione degli utenti e possono aumentare il tasso di clic. Questo è particolarmente rilevante per le ricerche vocali, dove gli utenti tendono a cercare risposte immediate e concise. L'ottimizzazione dei contenuti con dati strutturati diventa quindi fondamentale per garantire che le informazioni siano facilmente accessibili e rilevanti per le query vocali.

Inoltre, i dati strutturati aiutano a migliorare la pertinenza dei risultati di ricerca. Gli assistenti vocali come Alexa utilizzano algoritmi avanzati per fornire risposte accurate e contestualizzate alle domande degli utenti. Implementando dati strutturati, le aziende possono fornire informazioni più precise che rispondono direttamente alle domande frequenti dei clienti, facilitando l'interazione e migliorando l'esperienza complessiva. Questa pratica non solo aumenta la probabilità di essere selezionati come fonte di risposta, ma aiuta anche a costruire una reputazione di affidabilità.

Un altro aspetto cruciale è la capacità dei dati strutturati di supportare l'analisi delle query vocali. Monitorare quali domande gli utenti pongono agli assistenti vocali può fornire preziose intuizioni sulle esigenze e sui comportamenti del pubblico. Le aziende possono adattare le loro strategie di contenuto e SEO vocale in base a queste informazioni, ottimizzando le risposte e migliorando la soddisfazione del cliente. Una corretta analisi delle query vocali, supportata da dati strutturati, consente di affinare continuamente l'offerta di contenuti e di rimanere competitivi nel mercato.

Infine, l'integrazione di dati strutturati non riguarda solo il miglioramento dell'indicizzazione, ma rappresenta un'opportunità per raccontare storie in modo più efficace. Utilizzando tecniche di narrazione in combinazione con dati strutturati, le aziende possono creare esperienze coinvolgenti per gli utenti. Questo approccio non solo ottimizza la presentazione delle informazioni, ma incoraggia anche l'interazione e la fidelizzazione degli utenti. In un panorama digitale in continua evoluzione, comprendere e implementare dati strutturati diventa un elemento chiave per le strategie di marketing vocale efficaci.

Come implementare dati strutturati

Implementare dati strutturati è un passo fondamentale per migliorare l'indicizzazione dei contenuti destinati agli assistenti vocali come Alexa. I dati strutturati forniscono un contesto chiaro e preciso alle informazioni presentate, facilitando la comprensione da parte dei motori di ricerca e degli assistenti vocali. Utilizzando markup come Schema.org, i marketer digitali possono etichettare i contenuti in modo che gli assistenti vocali possano interpretarli correttamente, migliorando così la probabilità di ottenere risposte accurate e pertinenti durante le query vocali degli utenti.

Un aspetto cruciale nell'implementazione dei dati strutturati è la scelta del tipo di markup da utilizzare. A seconda del tipo di contenuto, potrebbero essere necessari diversi schemi. Ad esempio, per un'attività locale, è consigliabile utilizzare dati strutturati per le informazioni di contatto, gli orari di apertura e le recensioni. Questi dettagli non solo aiutano gli assistenti vocali a fornire risposte più complete, ma possono anche influenzare il posizionamento nei risultati di ricerca, aumentando la visibilità dell'azienda.

Inoltre, è importante monitorare l'implementazione dei dati strutturati per assicurarsi che non ci siano errori. Strumenti come Google Search Console e il Rich Results Test possono essere utilizzati per verificare che i dati siano corretti e che siano stati interpretati in modo appropriato dai motori di ricerca. Questa fase di controllo è essenziale per garantire che le informazioni siano sempre aggiornate e che riflettano correttamente l'offerta dell'azienda.

L'ottimizzazione dei contenuti audio per gli assistenti vocali deve andare di pari passo con l'implementazione di dati strutturati. I file audio, come i podcast o le registrazioni vocali, possono essere arricchiti con metadati che migliorano la loro reperibilità. Ad esempio, includere trascrizioni dettagliate e taggare i contenuti con dati strutturati permette agli assistenti vocali di accedere rapidamente alle informazioni necessarie, rendendo l'esperienza dell'utente più fluida e soddisfacente.

Infine, le strategie di SEO vocale dovrebbero includere un'analisi continua delle query vocali e del comportamento degli utenti. Raccogliere e analizzare i dati su come gli utenti interagiscono con gli assistenti vocali permette di adattare e migliorare costantemente i contenuti e le strategie di marketing. Integrando dati strutturati e analisi delle performance, i marketer possono non solo migliorare l'indicizzazione, ma anche creare esperienze vocali più coinvolgenti e pertinenti per il loro pubblico.

Principi della narrazione efficace

La narrazione efficace è un elemento cruciale per la creazione di contenuti che risuonano con il pubblico, specialmente in un contesto di assistenti vocali come Alexa. I marketer digitali devono comprendere che la narrazione non riguarda solo il racconto di una storia, ma implica anche la capacità di connettersi emotivamente con l'utente. Questo approccio aiuta a costruire fiducia e a stabilire un legame duraturo, che può tradursi in maggiore engagement e, infine, in conversioni. Utilizzare una narrazione che rispecchi le esigenze e le aspettative degli utenti è fondamentale per ottimizzare i contenuti audio e per garantire che le informazioni siano facilmente accessibili e memorizzabili.

Un altro principio chiave della narrazione efficace è la chiarezza. Quando si sviluppano contenuti per assistenti vocali, è essenziale che il messaggio sia semplice e diretto. Gli utenti tendono a interagire con i dispositivi vocali in modo rapido e senza fronzoli; pertanto, è necessario strutturare le informazioni in modo che siano facilmente comprensibili al primo ascolto. Utilizzare frasi brevi e un linguaggio colloquiale può migliorare notevolmente l'efficacia della comunicazione. Inoltre, l'organizzazione logica delle informazioni consente agli utenti di seguire il flusso della narrazione senza confusione.

L'aspetto emotivo della narrazione non deve essere trascurato. Le emozioni giocano un ruolo fondamentale nel modo in cui gli utenti percepiscono e ricordano le informazioni. I marketer dovrebbero incorporare elementi narrativi che evocano sentimenti positivi o che rispondono a bisogni specifici degli utenti. Ad esempio, raccontare storie di successo di clienti o presentare testimonianze può aiutare a umanizzare il brand e a creare un'immagine più relatable. Questo approccio non solo aiuta a mantenere l'attenzione dell'utente, ma può anche stimolare un'azione desiderata, come una prenotazione o un acquisto.

La personalizzazione è un altro principio fondamentale nella narrazione efficace. Gli assistenti vocali offrono un'opportunità unica di personalizzare l'esperienza dell'utente attraverso raccomandazioni e contenuti su misura. Utilizzare i dati a disposizione, come le preferenze passate degli utenti o le query vocali frequenti, consente di creare storie che parlano direttamente a loro. Questo livello di personalizzazione non solo aumenta l'interesse degli utenti, ma li incoraggia anche a interagire maggiormente con il contenuto, rendendo la narrazione più coinvolgente.

Infine, il monitoraggio e l'analisi delle performance dei contenuti vocali sono essenziali per capire l'efficacia della propria narrazione. Attraverso l'analisi delle query vocali e del comportamento degli utenti, i marketer possono ottenere insight preziosi su cosa funziona e cosa no. Questo feedback permette di adattare e ottimizzare continuamente le strategie di narrazione, garantendo che i contenuti rimangano rilevanti e in sintonia con le esigenze del pubblico. Implementare un ciclo di feedback strutturato è fondamentale per migliorare costantemente le performance e massimizzare l'impatto della narrazione nei contenuti vocali.

Adattare la narrazione per il formato vocale

Adattare la narrazione per il formato vocale richiede un approccio strategico che differisce significativamente dalla scrittura tradizionale. Gli assistenti vocali, come Alexa, si basano su interazioni auditive, il che significa che le informazioni devono essere presentate in modo chiaro e conciso. A differenza dei contenuti scritti, dove il lettore può tornare indietro per rivedere un punto, in un formato vocale l'utente ascolta una sola volta. Pertanto, è cruciale utilizzare un linguaggio semplice e diretto, evitando frasi complesse o tecnicismi che potrebbero confondere l'ascoltatore.

La struttura del contenuto vocale deve essere pensata per facilitare l'assimilazione delle informazioni. È utile suddividere i contenuti in sezioni chiare, utilizzando pause strategiche per permettere all'utente di elaborare ciò che ha appena ascoltato. Le tecniche di narrazione, come l'uso di storie o esempi pratici, possono rendere il messaggio più coinvolgente e memorabile. Inoltre, l'intonazione e il ritmo della voce sono elementi chiave; una narrazione monotona può facilmente perdere l'attenzione dell'ascoltatore.

Per ottimizzare i contenuti per gli assistenti vocali, è fondamentale considerare le domande che gli utenti potrebbero porre. Le FAQ sono un formato ideale per questo tipo di contenuti, poiché rispondono a interrogativi comuni in modo diretto. Ogni risposta dovrebbe essere formulata in modo da essere facilmente comprensibile e concisa, idealmente entro i 30 secondi di ascolto. Integrare dati strutturati può anche migliorare l'indicizzazione, rendendo le risposte più visibili nei risultati delle query vocali.

L'integrazione di contenuti multimediali può arricchire l'esperienza dell'utente, ma deve essere gestita con attenzione. Per esempio, se si sta creando una skill per Alexa, è possibile includere elementi sonori come musiche o effetti sonori per rendere la narrazione più dinamica. Tuttavia, è importante non sovraccaricare l'utente con troppi stimoli, poiché questo potrebbe distogliere l'attenzione dal messaggio principale. La coerenza nella narrazione e l'uso moderato di elementi multimediali sono fondamentali per mantenere l'attenzione.

Infine, il monitoraggio e l'analisi delle performance dei contenuti vocali sono essenziali per affinare la narrazione nel tempo. Utilizzando strumenti di analisi, è possibile raccogliere dati sulle interazioni degli utenti e identificare quali parti del contenuto risultano più coinvolgenti o dove gli ascoltatori tendono a perdere interesse. Queste informazioni possono guidare le modifiche future, assicurando che i contenuti vocali rimangano rilevanti e efficaci nel rispondere alle esigenze degli utenti. Adattare la narrazione per il formato vocale non è solo una questione di contenuto, ma di connessione emotiva e esperienza utente.

Strumenti per il monitoraggio delle performance

Nel contesto della crescente diffusione degli assistenti vocali, il monitoraggio delle performance diventa cruciale per i marketer digitali. Gli strumenti per il monitoraggio delle performance aiutano a valutare l'efficacia delle strategie di ottimizzazione delle query vocali. Questi strumenti consentono di raccogliere dati sulle interazioni degli utenti con i contenuti vocali, analizzando metriche come il tasso di completamento delle richieste, il tempo di risposta e la soddisfazione dell'utente. Comprendere questi aspetti è fondamentale per migliorare continuamente l'esperienza dell'utente e per affinare le proprie strategie di contenuto.

Tra gli strumenti più utilizzati per il monitoraggio delle performance ci sono le piattaforme di analytics, che offrono report dettagliati sulle query vocali. Google Analytics, ad esempio, può essere integrato con strategie di SEO vocale, permettendo di tracciare le ricerche vocali e di analizzare il comportamento degli utenti. Inoltre, strumenti come SEMrush e Ahrefs offrono funzionalità specifiche per monitorare le parole chiave vocali e il loro posizionamento, fornendo informazioni preziose su come ottimizzare i contenuti per gli assistenti vocali.

Un altro aspetto da considerare è l'importanza delle recensioni e dei feedback degli utenti. Strumenti come Trustpilot o Google My Business possono fornire dati qualitativi sulle interazioni degli utenti con i contenuti vocali. Analizzando queste recensioni, i marketer possono identificare aree di miglioramento e opportunità per affinare le proprie strategie. Le opinioni degli utenti sono un indicatore chiave della loro soddisfazione e possono influenzare significativamente il posizionamento delle skills per assistenti vocali come Alexa.

L'integrazione di dati strutturati è un altro strumento fondamentale per il monitoraggio delle performance. Utilizzando dati strutturati, i marketer possono migliorare l'indicizzazione dei contenuti audio per gli assistenti vocali. Gli strumenti di markup, come Schema.org, consentono di fornire informazioni chiare e concise ai motori di ricerca, facilitando la comprensione dei contenuti da parte degli assistenti vocali. Questo non solo migliora la visibilità, ma consente anche di monitorare come i contenuti vengono interpretati e utilizzati dagli utenti.

Infine, la creazione di report personalizzati è essenziale per una visione completa delle performance. Utilizzando strumenti come Google Data Studio, i marketer possono aggregare dati da diverse fonti, creando dashboard che mostrano le metriche più rilevanti. Queste informazioni permettono di prendere decisioni informate riguardo alle strategie di contenuto, ottimizzando l'approccio verso la SEO vocale e migliorando l'efficacia delle campagne di marketing digitale nel contesto degli assistenti vocali.

Analisi dei risultati e ottimizzazione continua

L'analisi dei risultati nel contesto delle query vocali è fondamentale per comprendere come gli utenti interagiscono con gli assistenti vocali. La raccolta e l'interpretazione dei dati relativi alle query vocali forniscono informazioni preziose sulle esigenze e le preferenze degli utenti. Questi dati possono rivelare tendenze nel comportamento degli utenti, come le domande più frequenti e i temi di ricerca emergenti, che possono guidare le strategie di contenuto per migliorare l'indicizzazione e l'ottimizzazione. È essenziale monitorare le metriche di performance, come il tasso di clic e il tempo trascorso sugli articoli, per verificare l'efficacia delle strategie implementate.

L'ottimizzazione continua è un processo che richiede attenzione costante e adattamento alle nuove informazioni e tendenze. Le strategie di SEO vocale, ad esempio, devono essere aggiornate regolarmente in risposta ai cambiamenti negli algoritmi di ricerca e nelle preferenze degli utenti. L'integrazione di contenuti multimediali, come audio e video, può inoltre migliorare l'esperienza dell'utente, rendendo il contenuto più coinvolgente e pertinente. Le aziende devono investire tempo e risorse per testare e ottimizzare i propri contenuti, assicurandosi che siano facilmente accessibili e di alta qualità.

Un aspetto cruciale dell'analisi dei risultati è l'ottimizzazione delle FAQ per gli assistenti vocali. Le domande frequenti devono essere formulate in modo da riflettere il linguaggio naturale degli utenti, facilitando la comprensione da parte degli assistenti vocali. Creare risposte concise e chiare non solo migliora l'esperienza dell'utente, ma può anche aumentare le possibilità di apparire nei risultati vocali. Utilizzare dati strutturati è un'altra strategia efficace per migliorare l'indicizzazione, poiché aiuta i motori di ricerca a comprendere meglio il contenuto e il contesto delle informazioni fornite.

La creazione di skills per Alexa e altri assistenti vocali richiede una pianificazione attenta e un'analisi approfondita dei risultati per garantire il successo. Le skills devono essere progettate in base alle esigenze degli utenti e testate in modo rigoroso per garantire che rispondano efficacemente alle query vocali. Monitorare l'uso delle skills e raccogliere feedback dagli utenti permetterà di apportare miglioramenti continui, assicurando che l'interazione rimanga fluida e soddisfacente.

Infine, le tecniche di narrazione per contenuti vocali sono essenziali per catturare l'attenzione degli utenti e fornire valore. La narrazione deve essere coinvolgente e facilmente comprensibile, utilizzando un linguaggio chiaro e diretto. L'analisi delle performance dei contenuti vocali consente di identificare quali tecniche funzionano meglio e quali aree necessitano di miglioramenti. Attraverso un approccio di ottimizzazione continua, i marketer digitali possono affinare le loro strategie, garantendo che i contenuti siano sempre rilevanti e di alta qualità per gli utenti degli assistenti vocali.

Le differenze tra indicizzazione tradizionale e indicizzazione per AI

L'indicizzazione tradizionale e l'indicizzazione per intelligenza artificiale (AI) rappresentano due approcci distinti ma complementari nella gestione dei contenuti digitali. L'indicizzazione tradizionale si basa su algoritmi statici e regole predeterminate, che considerano principalmente parole chiave, meta tag e struttura del sito. Questa metodologia, sebbene efficace in passato, può risultare limitata nell'interpretare il significato contestuale dei contenuti e nella loro rilevanza rispetto alle query degli utenti. Le tecniche tradizionali si concentrano sull'ottimizzazione delle pagine web in modo meccanico, senza considerare la semantica e l'intento di ricerca degli utenti.

Al contrario, l'indicizzazione per AI sfrutta algoritmi avanzati di apprendimento automatico e analisi semantica. Questi sistemi sono in grado di comprendere il contesto e il significato profondo dei contenuti, andando oltre le semplici corrispondenze di parole. Utilizzando tecniche come il Natural Language Processing (NLP), l'AI può analizzare le relazioni tra le parole e le frasi, migliorando così la pertinenza e l'accuratezza dei risultati di ricerca. Questo approccio consente di creare un'esperienza utente più soddisfacente, poiché gli utenti possono trovare contenuti che rispondono meglio alle loro domande e bisogni.

Un'altra differenza cruciale è la capacità di adattamento e apprendimento continuo dell'indicizzazione per AI. Mentre l'indicizzazione tradizionale richiede aggiornamenti manuali e modifiche alle strategie SEO in base ai cambiamenti degli algoritmi dei motori di ricerca, l'AI può adattarsi autonomamente alle nuove tendenze e comportamenti degli utenti. Questo significa che i contenuti indicizzati tramite AI possono mantenere la loro rilevanza nel tempo, grazie alla capacità di apprendere dai dati generati dagli utenti e dalle interazioni.

Inoltre, l'indicizzazione per AI offre opportunità uniche per l'ottimizzazione dei contenuti visivi e multilingue. Utilizzando tecniche di riconoscimento delle immagini e analisi del linguaggio naturale, l'AI può indicizzare contenuti visivi in modo più efficace, migliorando l'accessibilità e la scoperta. Anche l'indicizzazione multilingue beneficia di questa tecnologia, poiché l'AI può tradurre e contestualizzare i contenuti in diverse lingue, garantendo che il messaggio rimanga coerente e pertinente per un pubblico globale.

Infine, l'importanza dei metadati nell'indicizzazione per AI non può essere sottovalutata. I metadati forniscono informazioni contestuali essenziali che aiutano gli algoritmi AI a comprendere meglio i contenuti. La cura nella creazione e gestione dei metadati, insieme a strategie di indicizzazione efficaci, può fare la differenza nel posizionamento dei contenuti nei risultati di ricerca. In sintesi, mentre l'indicizzazione tradizionale ha il suo posto, l'indicizzazione per AI rappresenta il futuro del marketing digitale, offrendo strumenti e tecniche che rispondono meglio alle esigenze di un pubblico sempre più esigente.

Strumenti per l'indicizzazione automatica

L'indicizzazione automatica è diventata un elemento cruciale per ottimizzare i contenuti destinati all'intelligenza artificiale. Gli strumenti di SEO progettati per automatizzare questo processo offrono ai marketer digitali una gamma di funzionalità che semplificano e migliorano l'efficacia dell'indicizzazione. Tra i più noti, troviamo software come SEMrush e Ahrefs, che forniscono analisi approfondite delle parole chiave e delle performance dei contenuti esistenti. Questi strumenti non solo aiutano a identificare le opportunità di ottimizzazione, ma consentono anche di monitorare i cambiamenti nel ranking dei contenuti, permettendo ai marketer di apportare modifiche tempestive e strategiche.

La creazione di contenuti ottimizzati per l'AI richiede una comprensione profonda della semantica e della struttura dei dati. Strumenti come Yoast SEO e Rank Math forniscono suggerimenti in tempo reale per migliorare la leggibilità e la pertinenza dei contenuti. Tali strumenti analizzano il testo e offrono raccomandazioni su come integrare parole chiave, metadati e link interni, tutti fattori essenziali per un'indicizzazione efficace. L'analisi semantica, in particolare, aiuta a garantire che i contenuti siano non solo rilevanti, ma anche contestualizzati in modo da rispondere alle query degli utenti in modo più preciso.

Per l'indicizzazione dei contenuti visivi, strumenti come Google Image Search e Pinterest Lens stanno diventando fondamentali. Questi strumenti utilizzano algoritmi avanzati per analizzare e catalogare le immagini, facilitando l'accesso agli utenti che cercano contenuti visivi specifici. È importante che i marketer digitali si assicurino che le immagini siano accompagnate da metadati appropriati, come alt text e descrizioni, per migliorare la loro visibilità nei motori di ricerca. L'ottimizzazione dei contenuti visivi non solo migliora l'indicizzazione, ma contribuisce anche a un'esperienza utente più coinvolgente.

L'indicizzazione multi-lingue rappresenta una sfida significativa, ma anche un'opportunità per i marketer globali. Strumenti come WPML e MultilingualPress consentono di gestire contenuti in diverse lingue, facilitando l'indicizzazione corretta in mercati diversificati. È fondamentale considerare le differenze culturali e linguistiche nella creazione dei contenuti, nonché l'uso di parole chiave specifiche per ogni lingua. L'adozione di strategie di indicizzazione multi-lingue aiuta a raggiungere un pubblico più ampio e a migliorare la visibilità globale del brand.

Infine, l'importanza dei metadati nell'indicizzazione AI non può essere sottovalutata. Strumenti come Schema.org e JSON-LD sono essenziali per strutturare i dati in modo che i motori di ricerca possano interpretare correttamente le informazioni. L'uso appropriato di metadati migliora non solo l'indicizzazione, ma anche la capacità di un contenuto di apparire nei risultati di ricerca avanzata, come i rich snippets. I marketer digitali devono adottare queste best practices per garantire che i loro contenuti siano facilmente accessibili e ben posizionati nei risultati delle ricerche, massimizzando così il loro impatto e la loro visibilità nel panorama digitale in continua evoluzione.

Vantaggi dell'automazione nell'indicizzazione

L'automazione nell'indicizzazione rappresenta una svolta significativa per i digital marketer, poiché offre numerosi vantaggi strategici e operativi. Prima di tutto, l'automazione consente di ridurre il tempo e le risorse necessarie per gestire il processo di indicizzazione. Attraverso strumenti avanzati e algoritmi intelligenti, è possibile analizzare e categorizzare enormi volumi di contenuti in modo rapido ed efficiente, liberando così i marketer da attività ripetitive e permettendo loro di concentrarsi su strategie più creative e su attività a valore aggiunto.

Un altro vantaggio cruciale è l'aumento della precisione e della coerenza nell'indicizzazione. Gli algoritmi automatizzati possono applicare criteri di indicizzazione uniformi su tutti i contenuti, riducendo il rischio di errori umani e garantendo che ogni pezzo di contenuto sia trattato secondo le stesse linee guida. Questo non solo migliora la qualità complessiva dei risultati di ricerca, ma assicura anche che i contenuti siano facilmente rintracciabili dagli algoritmi di intelligenza artificiale, aumentando la loro visibilità e il potenziale di conversione.

L'automazione facilita anche l'implementazione di tecniche di analisi semantica, che sono fondamentali per comprendere meglio il contesto e il significato dei contenuti. Utilizzando strumenti automatizzati, i marketer possono estrarre informazioni chiave e rilevanti da testi complessi, identificare parole chiave strategiche e ottimizzare i contenuti per rispondere alle query degli utenti in modo più efficace. Questo approccio data-driven consente di affinare continuamente le strategie di indicizzazione in base alle tendenze emergenti e ai cambiamenti nel comportamento degli utenti.

Inoltre, l'automazione supporta l'indicizzazione multi-lingue, un aspetto sempre più importante nell'era della globalizzazione. Utilizzando strumenti automatizzati, è possibile tradurre e localizzare contenuti in diverse lingue, garantendo che il messaggio rimanga coerente e pertinente. Questo non solo amplia il pubblico di riferimento, ma migliora anche le possibilità di posizionamento sui motori di ricerca internazionali, permettendo alle aziende di raggiungere mercati precedentemente inaccessibili.

Infine, l'automazione nell'indicizzazione consente una gestione più efficace dei metadati, essenziali per l'ottimizzazione delle performance SEO. Attraverso sistemi automatizzati, è possibile generare e aggiornare metadati in tempo reale, assicurando che siano sempre allineati con le best practices SEO. Ciò non solo migliora la visibilità dei contenuti, ma contribuisce anche a una migliore esperienza utente, poiché i contenuti vengono presentati in modo chiaro e pertinente, aumentando le probabilità di coinvolgimento e conversione.

Panoramica sugli strumenti di SEO per AI

La crescente integrazione dell'intelligenza artificiale nel marketing digitale ha reso fondamentale l'utilizzo di strumenti SEO specifici per ottimizzare i contenuti. Questi strumenti non solo aiutano a migliorare la visibilità nei motori di ricerca, ma sono anche progettati per comprendere meglio le esigenze degli algoritmi di intelligenza artificiale. Tra le principali categorie di strumenti disponibili, si trovano quelli per l'analisi semantica, la creazione di contenuti ottimizzati e l'analisi competitiva. Questi strumenti consentono ai marketer di identificare le parole chiave più rilevanti e di strutturare i contenuti in modo da massimizzare l'efficacia dell'indicizzazione.

Un aspetto centrale degli strumenti SEO per l'AI è l'analisi semantica. Questa tecnica va oltre la semplice identificazione delle parole chiave, mirando a comprendere il significato e il contesto delle query degli utenti. Strumenti come Google Natural Language e IBM Watson possono analizzare il contenuto per determinare la rilevanza semantica in relazione a specifiche query. Utilizzando questi strumenti, i marketer possono ottimizzare i loro contenuti affinché rispondano più precisamente alle domande degli utenti, migliorando così le probabilità di posizionamento nei risultati di ricerca.

La creazione di contenuti ottimizzati è un altro aspetto cruciale. Strumenti come Surfer SEO o Clearscope aiutano i marketer a scrivere contenuti che si allineano con le aspettative degli algoritmi di ranking. Questi strumenti forniscono suggerimenti su come strutturare i testi, quali termini utilizzare e come integrare i metadati in modo efficace. L'ottimizzazione dei metadati, in particolare, gioca un ruolo vitale nell'indicizzazione AI, poiché i metadati forniscono informazioni essenziali sui contenuti, facilitando la loro comprensione da parte dei motori di ricerca.

Inoltre, gli strumenti di SEO per l'AI sono progettati per affrontare la diversità dei contenuti, inclusi quelli visivi e generati dagli utenti. L'indicizzazione dei contenuti visivi richiede tecniche specifiche, come l'uso di tag alt e descrizioni dettagliate per le immagini, che possono essere analizzati da algoritmi di intelligenza artificiale. Allo stesso modo, i contenuti generati dagli utenti possono essere ottimizzati attraverso l'uso di strumenti che analizzano e classificano questo tipo di contenuto, garantendo che anche le recensioni e i commenti possano contribuire positivamente all'indicizzazione.

Infine, in un panorama digitale sempre più globale, l'indicizzazione multi-lingue è diventata una necessità. Strumenti SEO avanzati offrono funzionalità per gestire contenuti in diverse lingue, assicurando che i contenuti siano ottimizzati per vari mercati. Questo richiede una comprensione approfondita delle differenze culturali e linguistiche, così come una strategia chiara per la creazione di contenuti localizzati. Adottare queste best practices permette ai digital marketer di sfruttare appieno le potenzialità dell'intelligenza artificiale, garantendo che i loro contenuti raggiungano un pubblico globale in modo efficace e pertinente.

Come scegliere lo strumento giusto per le tue esigenze

Quando si tratta di scegliere lo strumento giusto per le proprie esigenze di indicizzazione dei contenuti per l'intelligenza artificiale, è fondamentale considerare diversi fattori che influenzano l'efficacia e la pertinenza degli strumenti disponibili. Prima di tutto, è importante analizzare il tipo di contenuto che si intende ottimizzare. Ad esempio, la creazione di contenuti testuali richiederà strumenti diversi rispetto all'ottimizzazione di contenuti visivi o multimediali. Assicurarsi che lo strumento scelto supporti le specifiche esigenze del proprio progetto è un passo cruciale per garantire risultati efficaci.

Un altro aspetto da valutare è la facilità d'uso dello strumento. Gli strumenti di SEO e di analisi semantica devono essere intuitivi e facilmente integrabili nel flusso di lavoro esistente. Optare per un software complesso che richiede una curva di apprendimento significativa potrebbe rallentare il processo di creazione dei contenuti. In questo contesto, è utile considerare le recensioni e il feedback di altri professionisti del settore, per avere un'idea chiara delle funzionalità e delle potenzialità di ciascuno strumento.

La compatibilità con altre piattaforme è un fattore altrettanto rilevante. Molti marketer digitali lavorano con una varietà di strumenti e piattaforme, quindi è essenziale che lo strumento di indicizzazione scelto possa integrarsi facilmente con altri software utilizzati, come quelli per l'analisi dei dati, la gestione dei contenuti o le piattaforme di social media. Questa integrazione può facilitare una gestione più fluida dei progetti e migliorare l'efficienza complessiva del team.

Inoltre, è utile considerare le funzionalità specifiche offerte dallo strumento. Alcuni strumenti potrebbero essere più adatti per l'analisi semantica e l'ottimizzazione dei metadati, mentre altri potrebbero eccellere nella creazione di strategie di indicizzazione per contenuti generati dagli utenti. Valutare le proprie esigenze specifiche e confrontarle con le funzionalità offerte dai vari strumenti consente di effettuare una scelta informata e strategica.

Infine, non dimenticare di considerare il costo dello strumento e le opzioni di supporto disponibili. Molti strumenti offrono diverse fasce di prezzo e piani di abbonamento, quindi è importante trovare un equilibrio tra costo e funzionalità. Inoltre, un buon supporto clienti può fare la differenza in caso di problemi tecnici o domande sull'utilizzo dello strumento. Scegliere lo strumento giusto non è solo una questione di funzionalità, ma anche di come queste si allineano con le proprie esigenze e obiettivi di marketing digitale.

Cos'è l'analisi semantica?

L'analisi semantica è un processo cruciale per comprendere il significato e il contesto delle parole all'interno di un testo. Questo approccio va oltre la semplice analisi delle parole chiave, mirando a cogliere le relazioni tra i termini e le loro sfumature. Nel contesto del digital marketing e dell'ottimizzazione dei contenuti per l'intelligenza artificiale, l'analisi semantica gioca un ruolo fondamentale nel miglioramento della visibilità e della rilevanza dei contenuti sui motori di ricerca. Attraverso una comprensione approfondita del significato, i marketer possono creare contenuti che rispondano meglio alle esigenze degli utenti e ai requisiti degli algoritmi di indicizzazione.

Un aspetto chiave dell'analisi semantica è la sua capacità di identificare le intenzioni di ricerca degli utenti. Utilizzando tecniche avanzate come il machine learning e il processamento del linguaggio naturale, è possibile analizzare come le persone formulano le loro query e quali significati attribuiscono a determinate parole. Questo consente ai marketer di sviluppare contenuti che non solo contengono le parole chiave giuste, ma che rispondono anche in modo pertinente alle domande e ai bisogni degli utenti. Di conseguenza, l'analisi semantica contribuisce a migliorare l'esperienza dell'utente e a rafforzare la posizione dei contenuti nei risultati di ricerca.

Oltre a migliorare la pertinenza dei contenuti, l'analisi semantica consente anche di ottimizzare l'uso dei metadati. I metadati, che includono titoli, descrizioni e tag, sono fondamentali per l'indicizzazione e la categorizzazione delle informazioni. Grazie all'analisi semantica, è possibile generare metadati più informativi e pertinenti, facilitando così il lavoro degli algoritmi di ranking. Questo è particolarmente importante in un contesto in cui i motori di ricerca adottano sempre più tecnologie di intelligenza artificiale per migliorare la loro capacità di comprendere il contenuto e il contesto.

L'analisi semantica si rivela particolarmente utile anche nell'ambito dell'indicizzazione dei contenuti generati dagli utenti. Con l'aumento delle interazioni sui social media e delle recensioni online, i marketer devono saper gestire e ottimizzare anche queste forme di contenuto. Attraverso l'analisi semantica, è possibile identificare le tendenze e le opinioni degli utenti, integrando queste informazioni nelle strategie di indicizzazione. In questo modo, si possono migliorare le performance dei contenuti e massimizzare l'engagement.

Infine, l'analisi semantica è essenziale per strategie di indicizzazione multi-lingue. In un mondo sempre più globalizzato, i marketer devono affrontare la sfida di ottimizzare i contenuti per diverse lingue e culture. L'analisi semantica aiuta a tradurre non solo le parole, ma anche i significati e i contesti culturali, garantendo che i contenuti siano rilevanti e comprensibili per il pubblico di riferimento. Questo approccio non solo migliora la visibilità dei contenuti su scala globale, ma consente anche di costruire un legame più forte con gli utenti di diverse origini linguistiche.

L'importanza della semantica nell'indicizzazione AI

L'importanza della semantica nell'indicizzazione AI è fondamentale per garantire che i contenuti siano non solo visibili, ma anche rilevanti e pertinenti per gli utenti. La semantica riguarda il significato e l'interpretazione delle parole e delle frasi, e nel contesto dell'intelligenza artificiale, essa permette ai motori di ricerca di comprendere il contenuto in modo più profondo. Questo approccio va oltre la semplice corrispondenza di parole chiave, consentendo agli algoritmi di ranking di valutare il contesto e l'intento dietro le query degli utenti.

In un panorama digitale in continua evoluzione, i marketer devono essere consapevoli delle tecniche di analisi semantica per ottimizzare i loro contenuti. Utilizzando strumenti di SEO avanzati che integrano l'analisi semantica, è possibile identificare le parole chiave correlate e i concetti associati che possono migliorare la posizione dei contenuti nei risultati di ricerca. La creazione di contenuti che non solo soddisfano le esigenze degli utenti ma che sono anche semanticamente ricchi è quindi una strategia essenziale per ottenere risultati efficaci.

Un altro aspetto cruciale è la capacità degli algoritmi di ranking di gestire l'indicizzazione dei contenuti generati dagli utenti. La semantica gioca un ruolo chiave nel valutare la qualità e la pertinenza di questi contenuti, che possono variare notevolmente in termini di valore informativo. I marketer devono implementare strategie che incoraggiano la creazione di contenuti utili e significativi da parte degli utenti, migliorando così l'indicizzazione e l'engagement complessivo.

Inoltre, l'importanza dei metadati nell'indicizzazione AI non può essere sottovalutata. I metadati forniscono informazioni contestuali sui contenuti, facilitando la comprensione semantica da parte degli algoritmi. Utilizzare metadati appropriati aiuta i motori di ricerca a categorizzare e indicizzare i contenuti in modo più efficace, permettendo una migliore visibilità nelle ricerche pertinenti. I marketer devono prestare attenzione all'implementazione di metadati dettagliati e descrittivi, poiché questi elementi sono essenziali per l'ottimizzazione.

Infine, l'indicizzazione multi-lingue rappresenta una sfida significativa, ma la semantica offre un vantaggio. Comprendere come le parole e i concetti si traducono e si adattano tra diverse lingue è cruciale per i marketer che desiderano raggiungere un pubblico globale. Le strategie di indicizzazione devono tenere conto delle differenze culturali e linguistiche, utilizzando un approccio semantico per garantire che i contenuti siano non solo tradotti, ma anche adattati per risuonare con le diverse audience. Questo approccio non solo migliora l'indicizzazione, ma aumenta anche l'efficacia della comunicazione con il pubblico.

Tecniche di scrittura per l'ottimizzazione AI

Le tecniche di scrittura per l'ottimizzazione AI sono fondamentali per garantire che i contenuti digitali possano essere facilmente indicizzati e compresi dai sistemi intelligenti. In un contesto in cui l'intelligenza artificiale gioca un ruolo sempre più centrale nel modo in cui le informazioni sono ricercate e filtrate, è essenziale adottare strategie di scrittura che facilitino la comprensione semantica del testo. Ciò implica l'uso di linguaggio chiaro e diretto, evitando termini ambigui o troppo tecnici, a meno che non siano specificamente adattati al pubblico di riferimento.

La struttura del contenuto gioca un ruolo cruciale nell'ottimizzazione per AI. È consigliabile suddividere il testo in paragrafi ben definiti e utilizzare elenchi puntati o numerati per evidenziare le informazioni chiave. In questo modo, non solo si favorisce la leggibilità per gli utenti, ma si facilita anche l'analisi semantica da parte degli algoritmi. L'uso di intestazioni chiare e descrittive aiuta ulteriormente i motori di ricerca a comprendere la gerarchia e il contenuto del testo, migliorando l'indicizzazione e il ranking.

Un altro aspetto importante è l'integrazione di parole chiave pertinenti in modo naturale all'interno del contenuto. Le parole chiave devono riflettere le intenzioni di ricerca degli utenti e, contemporaneamente, devono essere distribuite in modo strategico per non compromettere la qualità del testo. Utilizzare strumenti di SEO per l'intelligenza artificiale può facilitare questa operazione, consentendo di identificare le keyword più efficaci e le loro varianti, creando così contenuti che rispondano alle esigenze di ricerca.

L'importanza dei metadati non può essere sottovalutata. I metadati, come i tag e le descrizioni, forniscono informazioni aggiuntive ai motori di ricerca, migliorando la rilevanza e l'indicizzazione dei contenuti. Scrivere metadati efficaci richiede attenzione particolare, in quanto devono essere concisi e informativi, catturando l'essenza del contenuto in poche parole. Ciò non solo aumenta la visibilità nei risultati di ricerca, ma migliora anche l'esperienza utente, poiché aiuta gli utenti a capire rapidamente di cosa tratta il contenuto.

Infine, considerando l'era del contenuto generato dagli utenti, è fondamentale implementare tecniche di scrittura che rendano questi contenuti facilmente indicizzabili. Ad esempio, incoraggiare gli utenti a utilizzare tag e categorie pertinenti nelle loro creazioni può migliorare l'organizzazione e la ricerca dei contenuti. Allo stesso modo, offrire linee guida chiare su come scrivere contenuti ottimizzati per l'AI può incentivare una maggiore partecipazione e qualità, risultando in un ecosistema di contenuti più ricco e facilmente accessibile.

Comprendere gli algoritmi di ranking

Comprendere gli algoritmi di ranking è fondamentale per i marketer digitali che desiderano ottimizzare i contenuti per l'intelligenza artificiale. Questi algoritmi sono progettati per determinare la rilevanza e la qualità dei contenuti in relazione alle query degli utenti. Essi analizzano vari fattori, tra cui parole chiave, struttura del contenuto, e segnali di engagement, al fine di fornire risultati pertinenti. La comprensione di come funzionano questi algoritmi consente ai marketer di adattare le loro strategie per migliorare la visibilità e l'indicizzazione dei loro contenuti.

Uno degli aspetti chiave degli algoritmi di ranking è la semantica. La capacità di analizzare il significato delle parole e delle frasi consente agli algoritmi di andare oltre la semplice corrispondenza delle parole chiave. In questo contesto, l'analisi semantica diventa cruciale, poiché aiuta a identificare contenuti che rispondono realmente all'intento di ricerca degli utenti. Creare contenuti che non solo utilizzano parole chiave pertinenti, ma che trattano anche argomenti correlati, può migliorare significativamente la posizione nei risultati di ricerca.

In aggiunta, l'importanza dei metadati non può essere sottovalutata. I metadati forniscono informazioni contestuali sui contenuti, aiutando gli algoritmi a comprenderne il contenuto e a determinarne la rilevanza. Utilizzare metadati appropriati e ben strutturati, come titoli, descrizioni e tag, è essenziale per ottimizzare l'indicizzazione. I marketer digitali dovrebbero investire tempo nella creazione di metadati efficaci che riflettano accuratamente il contenuto e le sue finalità.

Le strategie di indicizzazione per contenuti visivi sono un altro aspetto importante da considerare. Con l'aumento dell'uso di immagini e video, gli algoritmi di ranking si sono evoluti per includere segnali visivi. Ottimizzare i file multimediali con tag alt, descrizioni e contenuti correlati può migliorare la loro indicizzazione. Inoltre, l'integrazione di contenuti generati dagli utenti può fornire un ulteriore valore, poiché questi contenuti spesso attirano interazioni e engagement, elementi chiave per il ranking.

Infine, l'indicizzazione multi-lingue rappresenta una sfida significativa ma anche un'opportunità per i marketer. Gli algoritmi di ranking devono essere in grado di gestire contenuti in diverse lingue e adattarsi a vari mercati. Creare contenuti ottimizzati per l'intelligenza artificiale in più lingue richiede una comprensione approfondita delle diverse sfide culturali e linguistiche. Implementare best practices per l'indicizzazione su piattaforme AI è essenziale per garantire che i contenuti raggiungano un pubblico globale, migliorando così la visibilità e l'efficacia delle strategie di marketing.

Impatto degli algoritmi sull'indicizzazione

L'impatto degli algoritmi sull'indicizzazione è un tema cruciale per i marketer digitali che desiderano ottimizzare i propri contenuti per l'intelligenza artificiale. Gli algoritmi di indicizzazione svolgono un ruolo fondamentale nel determinare come i contenuti vengono trovati e classificati dai motori di ricerca. Questi sistemi analizzano una vasta gamma di fattori, inclusi la pertinenza, l'autorità e la qualità del contenuto, per determinare la posizione di una pagina nei risultati di ricerca. Comprendere come funzionano questi algoritmi è essenziale per sviluppare strategie di indicizzazione efficaci.

Uno degli aspetti più significativi degli algoritmi moderni è la loro capacità di analizzare il contesto semantico dei contenuti. Attraverso tecniche di analisi semantica, gli algoritmi possono comprendere il significato e le relazioni tra le parole chiave, migliorando così l'indicizzazione. Questo approccio consente ai marketer di creare contenuti più pertinenti e mirati, facilitando una migliore esperienza per l'utente finale. L'integrazione di parole chiave correlate e frasi pertinenti diventa quindi fondamentale per massimizzare la visibilità dei contenuti.

Inoltre, gli algoritmi di ranking e indicizzazione stanno evolvendo per tenere conto di variabili come l'intento di ricerca degli utenti. Ciò implica che i marketer devono considerare non solo le parole chiave, ma anche il contesto in cui vengono utilizzate. Ad esempio, la creazione di contenuti ottimizzati per rispondere a domande specifiche o problemi comuni degli utenti può portare a un miglior posizionamento nei risultati di ricerca. È fondamentale che i marketer analizzino le tendenze delle ricerche e adattino le loro strategie di contenuto di conseguenza.

Un altro elemento chiave è l'importanza dei metadati nell'indicizzazione. Gli algoritmi utilizzano metadati come titoli, descrizioni e tag per comprendere e classificare meglio i contenuti. L'ottimizzazione dei metadati non solo aiuta gli algoritmi a indicizzare i contenuti in modo più efficace, ma contribuisce anche a migliorare il tasso di clic (CTR) nei risultati di ricerca. I marketer dovrebbero prestare particolare attenzione a questo aspetto, assicurandosi che i metadati siano rilevanti e ben strutturati.

Infine, la crescente rilevanza dell'indicizzazione dei contenuti generati dagli utenti non può essere sottovalutata. Gli algoritmi stanno diventando sempre più abili nel riconoscere e valutare i contenuti creati dagli utenti, il che rappresenta un'opportunità unica per i marketer. Sfruttare questi contenuti attraverso strategie di indicizzazione adeguate può portare a un aumento dell'engagement e della fiducia del pubblico. In sintesi, comprendere l'impatto degli algoritmi sull'indicizzazione è fondamentale per i marketer digitali che desiderano rimanere competitivi nel panorama in continua evoluzione del marketing digitale.

Importanza dei contenuti visivi nell'indicizzazione

L'importanza dei contenuti visivi nell'indicizzazione è un tema cruciale per i marketer digitali che desiderano ottimizzare le loro strategie per l'intelligenza artificiale. Oggi, l'attenzione degli utenti è sempre più rivolta a elementi visivi, come immagini e video, che hanno dimostrato di aumentare il coinvolgimento e la retention. Le piattaforme di ricerca, come Google, riconoscono l'importanza di questi contenuti e li integrano nei loro algoritmi di ranking, rendendo fondamentale per i professionisti del marketing comprendere come ottimizzare questi elementi per l'indicizzazione.

Un aspetto chiave dell'indicizzazione dei contenuti visivi è l'uso di metadati. I metadati, come i tag alt e le descrizioni, forniscono informazioni aggiuntive ai motori di ricerca riguardo al contenuto visivo. Questa informazione aiuta gli algoritmi a comprendere il contesto e la rilevanza delle immagini e dei video rispetto alle query degli utenti. Pertanto, una corretta implementazione dei metadati è essenziale per migliorare la visibilità dei contenuti visivi nelle ricerche e per favorire un indicizzazione efficace.

Inoltre, la creazione di contenuti visivi ottimizzati per l'intelligenza artificiale richiede una strategia mirata. È importante considerare le dimensioni, la qualità e il formato delle immagini e dei video, poiché questi fattori influenzano la velocità di caricamento delle pagine e, di conseguenza, l'esperienza utente. Un contenuto visivo di alta qualità, che si carica rapidamente, non solo migliora l'indicizzazione, ma anche il tasso di conversione, poiché gli utenti sono più propensi a rimanere su un sito che offre un'esperienza fluida e accattivante.

Le tecniche di indicizzazione automatica dei contenuti visivi hanno fatto progressi significativi grazie all'uso di algoritmi avanzati che sono in grado di riconoscere e classificare le immagini. La semantica gioca un ruolo fondamentale in questo processo, poiché gli algoritmi possono interpretare il significato e il contesto dei contenuti visivi in relazione al resto del testo presente sulla pagina. Questo approccio consente una classificazione più accurata e una migliore corrispondenza con le intenzioni di ricerca degli utenti.

Infine, l'indicizzazione multi-lingue dei contenuti visivi rappresenta una sfida e un'opportunità per i marketer digitali. Con un pubblico globale, è fondamentale adottare strategie che considerino le differenze culturali e linguistiche. L'ottimizzazione dei contenuti visivi in diverse lingue, accompagnata da metadati appropriati, può incrementare notevolmente la portata e l'efficacia delle campagne di marketing. In questo contesto, le best practices per l'indicizzazione su piattaforme AI diventano fondamentali per garantire che i contenuti visivi siano non solo attraenti, ma anche facilmente trovabili e accessibili a un pubblico più vasto.

Tecniche per ottimizzare i contenuti visivi

Le tecniche per ottimizzare i contenuti visivi sono fondamentali per garantire che le immagini e i video siano correttamente indicizzati dai motori di ricerca e dalle piattaforme di intelligenza artificiale. Un aspetto cruciale è l'uso dei metadati. I metadati, come i tag alt per le immagini e le descrizioni dettagliate, forniscono informazioni aggiuntive sui contenuti visivi. Utilizzando parole chiave pertinenti e descrittive nei metadati, è possibile migliorare la visibilità dei contenuti visivi nei risultati di ricerca. Questo non solo aiuta gli algoritmi AI a comprendere meglio il contenuto, ma migliora anche l'esperienza dell'utente.

In aggiunta ai metadati, la compressione delle immagini è un'altra tecnica essenziale. Le immagini di grandi dimensioni possono rallentare i tempi di caricamento delle pagine, influenzando negativamente il ranking nei motori di ricerca. Utilizzare strumenti di compressione delle immagini senza compromettere la qualità è fondamentale per mantenere prestazioni elevate. Le immagini ottimizzate non solo si caricano più velocemente, ma favoriscono anche una maggiore interazione degli utenti, riducendo il tasso di abbandono del sito.

Un'altra strategia efficace è l'inclusione di contenuti visivi interattivi, come infografiche e video. Questi formati tendono a generare un maggiore coinvolgimento da parte degli utenti, il che si traduce in un tempo di permanenza più lungo sulle pagine. I motori di ricerca e le piattaforme di AI tendono a premiare i contenuti che mantengono l'attenzione degli utenti. Creare contenuti visivi che incoraggiano la partecipazione, come sondaggi o quiz visivi, può migliorare ulteriormente l'indicizzazione e la visibilità.

La creazione di una sitemap visiva è un'altra tecnica utile per l'ottimizzazione dei contenuti visivi. Una sitemap aiuta i motori di ricerca a trovare e indicizzare le immagini e i video sul tuo sito in modo più efficiente. Assicurati che tutti i contenuti visivi siano inclusi nella sitemap e che siano correttamente collegati alle rispettive pagine. Questo non solo facilita l'indicizzazione, ma offre anche una struttura chiara per gli algoritmi AI, migliorando la comprensione dei contenuti da parte delle macchine.

Infine, è importante monitorare e analizzare le performance dei contenuti visivi attraverso strumenti di analisi SEO. Questi strumenti possono fornire informazioni preziose su quali immagini e video stanno attirando più traffico e quali sono meno efficaci. Utilizzando queste informazioni, i marketer digitali possono apportare modifiche strategiche per migliorare ulteriormente l'ottimizzazione dei contenuti visivi, garantendo che ogni elemento visivo contribuisca agli obiettivi complessivi di indicizzazione e visibilità.

Sfide dell'indicizzazione multi-lingue

L'indicizzazione multi-lingue rappresenta una delle sfide più complesse nell'ambito del digital marketing, specialmente per i professionisti che operano in contesti globali. La diversità linguistica non solo influisce sul modo in cui i contenuti vengono creati e presentati, ma anche su come vengono indicizzati dai motori di ricerca e dalle piattaforme di intelligenza artificiale. Ogni lingua ha le proprie peculiarità grammaticali, lessicali e sintattiche, che richiedono un approccio personalizzato nell'ottimizzazione dei contenuti. Ignorare queste differenze può portare a risultati di indicizzazione scadenti e a una minore visibilità online.

Un'altra difficoltà risiede nella traduzione e nell'adattamento dei contenuti. Non basta tradurre parola per parola; è fondamentale considerare il contesto culturale e le preferenze del pubblico locale. Le parole chiave che funzionano in una lingua potrebbero non avere lo stesso effetto in un'altra. Pertanto, i marketer devono condurre ricerche approfondite sulle parole chiave specifiche per ogni lingua e mercato, assicurandosi che i contenuti siano non solo tradotti, ma anche localizzati. Questo processo richiede competenze linguistiche avanzate e una comprensione approfondita delle dinamiche culturali.

Inoltre, la gestione dei metadati per contenuti multi-lingue è una questione cruciale. I metadati, come i titoli e le descrizioni, devono essere adattati per ciascuna lingua affinché i motori di ricerca possano interpretare correttamente il contenuto. Un errore comune è utilizzare metadati tradotti letteralmente, che possono risultare poco efficaci o addirittura ingannevoli. È essenziale sviluppare una strategia di metadati che tenga conto delle specificità linguistiche e delle abitudini di ricerca degli utenti in ciascun mercato.

Un'altra sfida è rappresentata dalla coerenza del brand attraverso diverse lingue. Le aziende devono garantire che il messaggio del brand rimanga uniforme, pur adattando il contenuto alle diverse culture. Ciò implica un'attenta pianificazione e una strategia di contenuti che mantenga l'identità del brand, evitando fraintendimenti o incongruenze che potrebbero danneggiare la reputazione aziendale. L'indicizzazione multi-lingue richiede quindi una visione olistica e integrata del marketing digitale.

Infine, l'evoluzione degli algoritmi di ranking e indicizzazione sta cambiando costantemente il panorama del SEO. I professionisti del marketing devono rimanere aggiornati sulle nuove tecnologie e tendenze, come l'analisi semantica e gli strumenti di SEO ottimizzati per l'intelligenza artificiale. Questi strumenti possono aiutare a semplificare il processo di indicizzazione multi-lingue, ma richiedono una comprensione approfondita delle loro funzionalità. Affrontare queste sfide in modo strategico non solo migliora l'indicizzazione dei contenuti, ma consente anche di raggiungere un pubblico globale in modo più efficace.

Strategie per una corretta indicizzazione multi-lingue

La corretta indicizzazione multi-lingue rappresenta una sfida significativa per i marketer digitali, specialmente in un contesto in cui l'intelligenza artificiale gioca un ruolo cruciale nella distribuzione e nella visibilità dei contenuti. Per ottimizzare l'indicizzazione di contenuti in più lingue, è fondamentale adottare strategie che tengano conto delle peculiarità linguistiche e culturali di ciascun mercato. La prima strategia consiste nell'utilizzare un approccio localizzato, che non si limita alla traduzione dei testi, ma include anche l'adattamento dei contenuti ai riferimenti culturali, alle espressioni idiomatiche e alle preferenze del pubblico di riferimento.

Un altro aspetto chiave dell'indicizzazione multi-lingue è l'implementazione di metadati appropriati. L'uso di tag hreflang è essenziale per indicare ai motori di ricerca quale versione linguistica di un contenuto mostrare agli utenti in base alla loro posizione geografica e alla lingua impostata nel browser. Questa pratica non solo migliora l'esperienza dell'utente, ma aiuta anche i motori di ricerca a comprendere la relazione tra le diverse versioni linguistiche di un contenuto, riducendo il rischio di contenuti duplicati e migliorando il ranking delle pagine.

Inoltre, è importante considerare l'analisi semantica per garantire che i contenuti siano ottimizzati per le ricerche effettuate in diverse lingue. Le parole chiave devono essere selezionate in base al linguaggio naturale utilizzato dagli utenti, tenendo conto delle varianti regionali e delle espressioni locali. Strumenti di SEO specifici per l'intelligenza artificiale possono assistere in questo processo, fornendo dati analitici sulle tendenze di ricerca e sulle preferenze linguistiche, permettendo così di affinare ulteriormente le strategie di indicizzazione.

La creazione di contenuti ottimizzati per AI richiede, inoltre, una pianificazione attenta e una strategia di lungo termine. È consigliabile sviluppare contenuti che non solo siano informativi e pertinenti, ma anche in grado di attrarre l'attenzione degli algoritmi di ranking. Le tecniche di indicizzazione automatica possono essere utilizzate per facilitare questo processo, sfruttando le potenzialità delle tecnologie di machine learning per analizzare e ottimizzare i contenuti in modo continuo.

Infine, l'indicizzazione dei contenuti generati dagli utenti deve essere considerata un elemento fondamentale nella strategia di indicizzazione multi-lingue. Questi contenuti possono arricchire l'offerta informativa e incrementare l'engagement, ma devono essere gestiti con attenzione per garantire che siano facilmente indicizzabili nella lingua corretta. Best practices in questo ambito includono la moderazione dei contenuti, l'ottimizzazione dei metadati e la promozione di feedback e recensioni che possano migliorare la visibilità nei risultati di ricerca, contribuendo così a una strategia complessiva di indicizzazione efficace e multi-lingue.

Cos'è un metadata?

Un metadata è un'informazione strutturata che descrive e fornisce dettagli su un dato principale. Nel contesto del marketing digitale e dell'ottimizzazione per i motori di ricerca, i metadati giocano un ruolo cruciale nell'indicizzazione dei contenuti. Essi aiutano i motori di ricerca a comprendere il contenuto, la sua rilevanza e il contesto, facilitando così la classificazione nei risultati di ricerca. I metadati possono includere elementi come il titolo della pagina, la descrizione, le parole chiave e i tag, ognuno dei quali contribuisce a migliorare la visibilità e l'accessibilità dei contenuti online.

I metadati non si limitano solo ai testi, ma possono anche estendersi a contenuti visivi e multimediali. Per esempio, le immagini possono avere metadati incorporati come il testo alternativo (alt text) e i tag descrittivi, che forniscono informazioni aggiuntive sul contenuto visivo. Questo è particolarmente importante per la SEO, poiché i motori di ricerca non possono "vedere" le immagini nello stesso modo in cui lo fanno gli esseri umani. I metadati aiutano a colmare questa lacuna, permettendo ai motori di ricerca di indicizzare correttamente le immagini e di migliorarne il posizionamento nelle ricerche visive.

Un altro aspetto significativo dei metadati è la loro rilevanza per le strategie di indicizzazione multi-lingue. Nel mondo globale di oggi, dove i contenuti vengono creati in diverse lingue, i metadati devono essere adattati per riflettere le specificità linguistiche e culturali. L'uso di metadati appropriati in diverse lingue può contribuire a garantire che i contenuti siano facilmente trovabili e comprensibili per un pubblico internazionale, aumentando così le possibilità di raggiungere una clientela più ampia.

Nell'ambito dell'analisi semantica, i metadati sono essenziali per comprendere il significato e il contesto dei contenuti. Utilizzando tecniche di analisi semantica, i marketer possono ottimizzare i metadati per allinearsi meglio con le intenzioni di ricerca degli utenti. Questo non solo migliora la pertinenza dei contenuti, ma aiuta anche a guidare il traffico organico verso il sito, poiché i motori di ricerca tendono a premiare i contenuti che soddisfano meglio le esigenze degli utenti.

Infine, la creazione di contenuti ottimizzati per l'intelligenza artificiale richiede un'attenzione particolare ai metadati. Gli algoritmi di ranking e indicizzazione, alimentati da tecnologie di AI, si basano fortemente su metadati ben strutturati per determinare la qualità e la pertinenza dei contenuti. Implementare best practices nella gestione dei metadati non solo facilita l'indicizzazione, ma contribuisce anche a migliorare l'esperienza dell'utente, rendendo i contenuti più facili da trovare e da consumare.

Come ottimizzare i metadati per AI

I metadati svolgono un ruolo cruciale nell'ottimizzazione dei contenuti per l'intelligenza artificiale, poiché forniscono informazioni strutturate che aiutano i motori di ricerca e le piattaforme AI a comprendere il contesto e la rilevanza dei contenuti.

Per i digital marketer, è fondamentale sapere come utilizzare i metadati in modo efficace per migliorare l'indicizzazione e la visibilità online. L'ottimizzazione dei metadati inizia con la scelta di titoli e descrizioni pertinenti e accattivanti, che rispecchiano il contenuto reale della pagina e contengono parole chiave strategiche.

Inoltre, è consigliabile utilizzare i tag appropriati per categorizzare i contenuti, poiché ciò facilita l'analisi semantica da parte degli algoritmi di ranking. I tag devono essere specifici e pertinenti, in modo da migliorare la corrispondenza tra le query degli utenti e i contenuti proposti. Un'altra pratica efficace è l'implementazione dei dati strutturati, che consente di fornire informazioni dettagliate sui contenuti, come eventi, recensioni e prodotti, rendendo più facile per i motori di ricerca interpretare e visualizzare i contenuti in modo ottimale.

Un aspetto spesso trascurato è l'importanza dell'ottimizzazione dei metadati per i contenuti visivi. Le immagini e i video devono essere accompagnati da metadati accurati, come tag alt e descrizioni, che non solo migliorano l'accessibilità, ma aiutano anche i motori di ricerca a comprendere il contenuto visivo. Pertanto, è essenziale non solo ottimizzare i testi, ma anche considerare come le risorse visive vengono presentate e indicizzate, poiché ciò influisce notevolmente sull'esperienza dell'utente e sul ranking nei risultati di ricerca.

Nell'era della globalizzazione, l'indicizzazione multi-lingue è diventata un fattore chiave. I metadati devono essere tradotti e adattati per garantire che i contenuti siano facilmente comprensibili in diverse lingue. Utilizzare hreflang e altre pratiche di ottimizzazione linguistica è fondamentale per attrarre un pubblico internazionale. Questo non solo migliora la visibilità e l'indicizzazione, ma contribuisce anche a costruire una reputazione di affidabilità e competenza in vari mercati.

Infine, è importante monitorare e analizzare regolarmente le prestazioni dei metadati. Utilizzare strumenti di SEO per l'intelligenza artificiale può fornire intuizioni preziose su come i metadati influenzano il ranking e l'interazione degli utenti. Attraverso l'analisi dei dati, i digital marketer possono apportare modifiche strategiche ai metadati, migliorando continuamente l'indicizzazione dei contenuti e adattandosi alle evoluzioni degli algoritmi di ranking. Implementando queste best practices, è possibile ottimizzare i metadati in modo efficace e ottenere risultati tangibili nel mondo dell'AI.

Tipologie di contenuti generati dagli utenti

I contenuti generati dagli utenti (UGC) rappresentano un elemento cruciale nella strategia di marketing digitale moderna. Questi contenuti possono assumere diverse forme, tra cui recensioni, commenti, post sui social media, video e immagini. Le recensioni di prodotto, ad esempio, sono una delle tipologie più comuni e influenti, poiché non solo forniscono feedback autentico da parte dei consumatori, ma influenzano anche le decisioni di acquisto di altri utenti. Questi contenuti non solo incrementano l'engagement ma sono anche fondamentali per la SEO, poiché i motori di ricerca tendono a valorizzare le pagine che presentano un ampio numero di interazioni genuine.

Un'altra forma significativa di UGC è rappresentata dai contenuti visivi, come foto e video condivisi dagli utenti. Questi materiali sono particolarmente efficaci nel catturare l'attenzione e nel comunicare messaggi visivi che possono risultare più impattanti rispetto ai testi scritti. Le piattaforme social, come Instagram e TikTok, hanno dimostrato quanto questi contenuti possano influenzare la percezione del brand e aumentare la visibilità. Inoltre, l'ottimizzazione di questi contenuti per l'intelligenza artificiale richiede una comprensione approfondita di come gli algoritmi valutano e indicizzano le immagini e i video, rendendo essenziale l'uso di metadati appropriati.

Le discussioni sui forum e le piattaforme di community, come Reddit o Quora, costituiscono un'altra tipologia di contenuti generati dagli utenti. Questi spazi permettono agli utenti di scambiare opinioni, porre domande e condividere esperienze. La qualità delle informazioni condivise in queste conversazioni può influenzare la reputazione di un brand e la fiducia dei consumatori. Per i marketer digitali, è fondamentale monitorare e analizzare queste discussioni per trarre insight utili e migliorare le strategie di indicizzazione.

Inoltre, i sondaggi e le domande aperte, realizzati tramite social media o newsletter, possono generare UGC prezioso. Questi strumenti consentono di raccogliere opinioni dirette dai consumatori e di creare contenuti personalizzati basati su tali feedback. L'integrazione di questi dati nelle strategie di content marketing non solo arricchisce l'offerta di contenuti, ma migliora anche l'indicizzazione, poiché i contenuti risultanti sono più pertinenti e mirati alle esigenze del pubblico.

Infine, è importante considerare l'impatto dei contenuti generati dagli utenti sulla SEO multi-lingue. Con l'aumento della globalizzazione, le aziende devono affrontare la sfida di gestire contenuti in diverse lingue e culture. I contenuti UGC possono variare significativamente tra le diverse regioni, rendendo cruciale l'ottimizzazione per le specifiche lingue e culture. Utilizzare tecniche di analisi semantica e strategie di indicizzazione adeguate può aiutare a garantire che i contenuti generati dagli utenti siano facilmente accessibili e rilevanti per i mercati locali, migliorando così la visibilità globale del brand.

Tecniche per l'indicizzazione di contenuti UGC

L'indicizzazione dei contenuti generati dagli utenti (UGC) rappresenta una sfida e un'opportunità per i marketer digitali. Poiché i contenuti UGC sono spesso informali e non seguono i tradizionali schemi di creazione di contenuti, è fondamentale adottare tecniche specifiche per garantire che questi materiali siano facilmente indicizzabili dai motori di ricerca e dalle piattaforme di intelligenza artificiale. Tra le tecniche più efficaci vi è l'ottimizzazione dei metadati, che include l'uso di tag pertinenti, descrizioni e titoli che riflettono accuratamente il contenuto, facilitando così la comprensione da parte degli algoritmi.

Un'altra strategia importante è l'analisi semantica. Utilizzando strumenti di SEO avanzati, i marketer possono identificare le parole chiave e le frasi che gli utenti potrebbero utilizzare per cercare contenuti simili. Questo approccio non solo migliora la pertinenza del contenuto UGC ma offre anche l'opportunità di allineare le aspettative degli utenti con le risposte fornite dai motori di ricerca. L'analisi semantica permette di costruire contenuti che rispondano a domande comuni e che siano più facilmente rintracciabili.

Inoltre, l'implementazione di algoritmi di ranking adeguati è cruciale per l'indicizzazione dei contenuti UGC. Gli algoritmi devono essere in grado di valutare non solo la qualità e la rilevanza del contenuto, ma anche l'interazione degli utenti con esso, come commenti e condivisioni. Questi segnali di coinvolgimento possono influenzare positivamente la posizione del contenuto nei risultati di ricerca, rendendo essenziale monitorare e analizzare costantemente queste metriche.

Non va dimenticata l'importanza della creazione di contenuti ottimizzati per l'intelligenza artificiale. Questo implica l'uso di linguaggi chiari e coerenti, che facilitino la comprensione da parte delle macchine. I marketer dovrebbero incoraggiare gli utenti a generare contenuti che siano non solo creativi, ma anche rispettosi delle linee guida SEO. In questo modo, si migliora la probabilità che il contenuto venga ben indicizzato e che raggiunga un pubblico più ampio.

Infine, l'indicizzazione multi-lingue è un aspetto cruciale per i contenuti UGC, soprattutto in un mercato globale. Implementare strategie di indicizzazione che comprendano diverse lingue aiuta a raggiungere un pubblico diversificato e a garantire che i contenuti siano accessibili a livello internazionale. Ciò richiede una pianificazione attenta e l'uso di strumenti che supportano la traduzione e l'ottimizzazione per diverse lingue, rendendo l'indicizzazione dei contenuti UGC un processo dinamico e in continua evoluzione.

Le best practices da seguire

Le best practices da seguire nell'indicizzazione dei contenuti per l'intelligenza artificiale sono fondamentali per garantire una visibilità ottimale e un posizionamento efficace sui motori di ricerca. Una delle prime pratiche da considerare è l'ottimizzazione dei metadati. I metadati, come i titoli, le descrizioni e le parole chiave, svolgono un ruolo cruciale nell'aiutare i motori di ricerca a comprendere il contenuto e il contesto delle informazioni presentate. È essenziale utilizzare metadati chiari e pertinenti, poiché possono influenzare direttamente il ranking e l'indicizzazione dei contenuti.

Un'altra best practice riguarda l'analisi semantica. L'approccio semantico permette di identificare le relazioni tra le parole e i concetti all'interno dei contenuti. Utilizzare strumenti di analisi semantica aiuta a creare contenuti più pertinenti e significativi, aumentando la probabilità che vengano indicizzati correttamente dagli algoritmi di ranking. È fondamentale integrare vari sinonimi, varianti e termini correlati per arricchire il testo e facilitare la comprensione da parte delle AI.

La creazione di contenuti ottimizzati per l'AI richiede anche l'adozione di tecniche di indicizzazione automatica. L'uso di strumenti specifici può semplificare il processo di indicizzazione, consentendo di gestire grandi volumi di contenuti in modo efficiente. Questi strumenti possono analizzare e categorizzare automaticamente i contenuti, migliorando la loro visibilità per gli utenti e per le piattaforme AI. È consigliabile testare diverse soluzioni per trovare quella più adatta alle proprie esigenze.

Un aspetto da non trascurare è l'indicizzazione dei contenuti visivi. Con l'aumento dell'importanza dei contenuti multimediali, è cruciale seguire best practices specifiche per l'indicizzazione delle immagini e dei video. Utilizzare testi alternativi (alt text) e descrizioni dettagliate aiuta non solo gli utenti con disabilità visive, ma anche i motori di ricerca a catalogare correttamente i contenuti visivi, aumentando le possibilità di apparire nei risultati di ricerca pertinenti.

Infine, la strategia di indicizzazione deve considerare l'importanza della multi-lingua. In un contesto globale, ottimizzare i contenuti per diverse lingue e culture è essenziale per raggiungere un pubblico più ampio. Utilizzare metadati specifici per ogni lingua e garantire la coerenza dei contenuti attraverso le versioni linguistiche aiuta a migliorare l'indicizzazione e a soddisfare le aspettative degli utenti. Seguendo queste best practices, i marketer digitali possono ottimizzare efficacemente i loro contenuti per l'intelligenza artificiale e massimizzare la loro visibilità online.

Errori comuni da evitare nell'indicizzazione AI

Quando si parla di indicizzazione per l'intelligenza artificiale, è fondamentale evitare errori comuni che possono compromettere l'efficacia delle strategie di ottimizzazione. Uno degli errori più frequenti è la mancata considerazione dei metadati. I metadati svolgono un ruolo cruciale nell'indicizzazione, poiché forniscono informazioni contestuali sui contenuti. Ignorare l'importanza di titoli, descrizioni e tag appropriati può portare a una scarsa visibilità sui motori di ricerca alimentati da AI. È essenziale dedicare tempo a ottimizzare questi elementi, garantendo che siano pertinenti e informativi.

Un altro errore comune riguarda l'ottimizzazione insufficiente per la ricerca semantica. Le tecnologie AI si basano sempre più sull'analisi semantica per comprendere il significato dei contenuti. Pertanto, utilizzare solo parole chiave tradizionali può risultare inadeguato. I marketer digitali dovrebbero concentrarsi su strategie che incorporano sinonimi, varianti e domande frequenti, per allineare i contenuti con le query degli utenti e migliorare la rilevanza nelle ricerche. Questo approccio non solo aumenterà la probabilità di indicizzazione, ma migliorerà anche l'esperienza dell'utente.

La creazione di contenuti generati dagli utenti è un'altra area in cui si possono commettere errori. Spesso, i marketer trascurano di moderare e ottimizzare questi contenuti, il che può portare a problemi di qualità. È fondamentale implementare linee guida chiare per garantire che i contenuti degli utenti siano pertinenti e di valore. Inoltre, è utile utilizzare strumenti di analisi per monitorare l'engagement e l'efficacia di questi contenuti, ottimizzando continuamente la strategia in base ai dati raccolti.

Un errore frequente è anche la mancanza di una strategia di indicizzazione multi-lingue. In un mondo globalizzato, non ottimizzare i contenuti per diverse lingue e culture può limitare notevolmente la portata del pubblico. È essenziale considerare non solo la traduzione letterale, ma anche le differenze culturali e le preferenze di ricerca nei vari mercati. Utilizzare strumenti di SEO specifici per l'intelligenza artificiale può aiutare a gestire questa complessità, garantendo che i contenuti siano facilmente accessibili e rilevanti per un pubblico diversificato.

Infine, i marketer digitali devono prestare attenzione all'uso eccessivo di tecniche di ottimizzazione automatica. Sebbene gli strumenti di SEO per l'intelligenza artificiale possano semplificare il processo, un'eccessiva dipendenza da algoritmi può portare a contenuti che suonano innaturali o privi di autenticità. La chiave è trovare un equilibrio tra l'ottimizzazione automatica e la creazione di contenuti di qualità che risuonino con gli utenti. Solo così si potrà garantire un'efficace indicizzazione e, in ultima analisi, il successo della strategia di marketing digitale.

www.ingramcontent.com/pod-product-compliance
Lightning Source LLC
LaVergne TN
LVHW051241050326
832903LV00028B/2505